Une mémoire française

René Rémond
de l'Académie française

Une mémoire française

Entretiens avec Marc Leboucher

DESCLÉE DE BROUWER

76 *bis*, rue des Saints-Pères, 75007 Paris
www.descleedebrouwer.com

ISBN 2-220-05144-7

Introduction

Comment se forge la mémoire, ce composé mystérieux où se mêlent souvenirs, impressions ou traces d'événements ? Plus largement, comment peut naître une mémoire collective, ce sens particulier du vivre ensemble façonné par une histoire, habité par des valeurs fortes dans lesquelles la plupart se reconnaissent ? Que serait en particulier l'identité française sans les longues marques de la monarchie, les fulgurances de la Révolution et les idéaux de la République qui nous animent toujours ?

A un moment où l'on parle tant des dangers ou des avantages de la mondialisation, où la construction européenne se concrétise tout en laissant apparaître ici ou là des mouvements de réactions nationalistes, il devient urgent de réfléchir sur le sens de la mémoire et de l'identité françaises. Loin de toute tentation de repli hexagonal, il s'agit de la comprendre pour mieux la renouveler sans doute et en percevoir l'originalité. Pour cela, qui était mieux placé que René Rémond, à la fois historien et observateur de notre vie politique, mais aussi témoin de l'histoire des dernières décennies ? A sa manière, il incarne cette perpétuelle tension vécue par chacun d'entre nous entre la mémoire individuelle et la mémoire collective. Ce livre croise donc en permanence les analyses et la compétence de l'expert avec les souvenirs et les sentiments plus personnels. Il montre ainsi davantage que l'histoire n'est pas seulement une pure vue de l'esprit, une belle construction intellectuelle mais d'abord une manière vivante en constant devenir.

L'idée et la forme plus précise de ce nouvel ouvrage d'entretiens nous sont venues lors d'un voyage de quelques jours au Canada où nous allions présenter notre ouvrage Le christianisme en accusation. *Au fil des longues heures d'attente à l'aéroport, durant les repas ou pots plus informels, les confidences sur la guerre ou les souvenirs de mai 1968, les discussions à bâtons rompus sur la politique ne nous ont pas seulement permis de passer des moments agréables. Elles nous ont convaincus de reprendre le dialogue, sans se limiter cette fois aux questions religieuses. Nous nous sommes donc retrouvés par la suite à Paris, dans le beau bureau-bibliothèque de la Fondation nationale des sciences politiques, pour de longues matinées de travail. Au mur, parmi les reliures dorées les portraits des pères fondateurs de la IIIe République semblaient présider à nos débats…*

A l'évidence, cette vision de la mémoire française est tout imprégnée du tempérament propre à René Rémond. Le grand public a appris à le connaître depuis longtemps, grâce en particulier à ses commentaires lumineux lors des soirées électorales à la télévision. Les professeurs ou étudiants d'histoire et de science politique apprécient sa compétence et sa clarté. Les catholiques reconnaissent en lui un homme de conviction et de courage. Mais perçoit-on sa personnalité plus profonde ? Là où un Raymond Aron était un spectateur engagé, lucide et réaliste jusqu'à la désespérance, René Rémond fait davantage preuve d'une sorte de bienveillance, d'une foi en l'histoire humaine plus optimiste. Tout en restant pudique et sans ostentation, il se refuse à une neutralité sceptique ou extérieure. S'il apparaît toujours comme un homme de la raison, du service public, un grand commis de l'Université, sa rigueur intellectuelle ne le conduit pas à porter sur l'histoire un regard cynique ou désabusé. C'est que pour lui les mentalités sont sans doute plus importantes que les rapports de force ou les flux économiques, comme en témoigne son intérêt, tout à la fois pour l'histoire politique et pour l'histoire des phénomènes religieux.

Plus accessible sans doute que l'exposé magistral, le style du dialogue permet de confronter le regard de deux générations, l'une née en 1918 et l'autre avec le baby-boom, avec leurs propres références, et qui pourtant regardent ensemble une mémoire commune. Il permet aussi plus librement les réflexions ou les retours en arrière, sans se contraindre à un cadre chronologique trop rigide. Pendant nos discussions cependant, l'histoire continuait de se faire, d'avancer, et nos conversations ne pouvaient ignorer les événements de l'actualité, l'attentat du 11 septembre 2001 à New York et les étranges élections de 2002 en France. Même avec les leçons de l'expérience, l'histoire continue de surprendre et de susciter la vigilance de l'observateur. Et chez René Rémond, la passion de l'actualité et de l'observation est communicative...

Après une réflexion inaugurale sur les liens qu'entretiennent mémoire et histoire, ce livre entame son parcours de l'identité française en évoquant la guerre de 1914-1918 et ses suites, période qui fascine aujourd'hui beaucoup de lecteurs. Mais comment comparer cette épouvantable guerre avec le second conflit mondial ? Dans un troisième temps, René Rémond témoigne de son expérience de l'Occupation, de sa participation à la Résistance tout en s'interrogeant sur le concept de totalitarisme. Un quatrième chapitre, plus court, évoque la capacité de renouveau d'une nation affrontée aux revendications des générations nouvelles. Il permet d'introduire à une discussion élargie à la place des crises dans notre mémoire nationale, qu'elles touchent les institutions politiques comme mai 1958 ou la société et les mentalités comme mai 1968. Après une réflexion sur la place du politique dans nos sociétés, battu en brèche au cours des années 80-90 par l'individualisme ou la tentation de l'argent, ce livre s'achève par un chapitre consacré au religieux. Revenant sur le débat lancé par Le christianisme en accusation, *René Rémond s'interroge sur les liens que notre société entretient avec les religions et sur l'avenir de la sécularisation.*

Traversant les grandes étapes de notre mémoire française, ce livre repose, enfin, sur la conviction que l'histoire n'est pas vaine, qu'elle comporte un sens et une pédagogie propres. Sans verser dans la naïveté, elle invite à croire dans les capacités créatrices de l'homme, car que serait une mémoire privée d'un avenir et de valeurs à transmettre ?

M. L.

I

Mémoire et histoire

Voici quelques années, l'historien Pierre Nora introduisait la notion de « lieu de mémoire », en montrant en particulier combien la République française s'était construite à travers de grandes célébrations, comme celle du 14 juillet, ou de monuments emblématiques tels que le Panthéon. Depuis, on le sait, l'expression a fait florès et revient constamment dans l'opinion ou le débat public, à l'occasion de grands procès, de livres ou de commémorations. On invoque le « devoir de mémoire » en évoquant la Shoah et ses victimes, on s'alarme à juste titre du révisionnisme, on découvre aussi la « mémoire douloureuse » des guerres, comme celles des poilus de 14-18 ou des combattants de l'Algérie... Mais s'interroge-t-on au préalable sur ce qui constitue la mémoire elle-même ? Quel lien mystérieux unit le cours des événements avec un destin particulier ou collectif, l'amenant à sélectionner des faits ou des souvenirs plus précis ? En quoi cette relation va-t-elle contribuer à forger une personnalité propre ?

Plus largement, le statut de la mémoire conduit à mieux comprendre l'identité de la France, voire son originalité. Dans le contexte actuel de mondialisation qui risque à terme de niveler les cultures et les particularismes, cette identité se voit contestée, voire menacée pour certains. Comment la redéfinir ? Repli sur la nation ou ouverture vers l'universel ? Exception française ou aspiration à vibrer aux accents du monde ?

Marc Leboucher – René Rémond, avant de plonger dans le vif du sujet, avant de traquer cette histoire française à travers les événements et votre propre parcours personnel, quelques réflexions peut-être sur les liens entre mémoire et histoire. Le sujet, on le sait, est à la mode... Face à ce passé que vous avez étudié au cours de votre carrière, vous semblez vous situer toujours comme un observateur bienveillant et somme toute optimiste. Voici quelques années, un politologue comme Raymond Aron se présentait volontiers, selon la formule de Missika et Wolton, comme le « spectateur engagé », ce qui n'excluait pas chez lui une vraie distance, une perception aiguë et souvent désabusée des rapports de force à l'œuvre dans l'histoire. Si vous êtes vous-même un intellectuel engagé, je vous définirais plus volontiers comme le spectateur optimiste...

René Rémond – Si vous voulez. Mais pas béat ni naïf pour autant... Il est vrai qu'entre deux interprétations des comportements d'autrui, entre deux lectures des événements, j'irai de préférence, presque spontanément, vers une explication positive plutôt que vers une approche plus pessimiste ou sceptique. Affaire de tempérament ? Peut-être... Le mien me pousse à chercher d'abord la légitimation de tout comportement humain avec un *a priori* favorable. Cela vient sans doute aussi de la chance que j'ai eue de connaître un vrai bonheur personnel. En dehors de malheurs inopinés ou des épisodes douloureux de notre histoire nationale, je n'ai pas été trop marqué, comme d'autres, par les difficultés de l'existence : j'ai eu une enfance et une vie familiale heureuses. Mais cela tient aussi à mes propres convictions anthropologiques : je tire du christianisme plutôt une vision bienveillante de la grandeur de l'homme et suis davantage sensible à celle-ci qu'à sa misère, pour faire écho à la distinction pascalienne.

Le désir de comprendre

M. L. – N'est-ce pas aller un peu vite en besogne ? Même la foi chrétienne dont vous vous réclamez parle du mal dans l'histoire, du péché de l'homme…

R. R. – De fait la révélation chrétienne n'exclut pas cet aspect de la condition humaine : ne définit-elle pas l'homme comme pécheur ? Moins que d'autres, l'historien ne peut douter de l'existence du mal ; en particulier pour qui jette un regard sur l'histoire du siècle qui vient de s'achever, le mal est une évidence. Elle s'est imposée à moi quand j'ai préparé mon petit livre *Regard sur le siècle* : à prendre une vue cavalière des guerres, des régimes totalitaires, des massacres organisés, des exterminations systématiques, des horreurs programmées, bref, du retour à la barbarie, comment ne pas reconnaître cette dimension de l'histoire ? C'est à la fois un constat objectif et une énigme. Il faut bien admettre qu'il y a du mal qui rôde dans le monde, que l'homme a une capacité et un entraînement à faire le mal. C'est peut-être ce que signifie la croyance à ce qui s'appelle depuis saint Augustin le péché originel. Cela dit, l'histoire ne se réduit pas à cette accumulation de crimes et d'atrocités : elle manifeste aussi une aptitude à créer, à inventer, à faire le bien. Et quand il s'agit de juger les individus, la familiarité avec l'histoire me conduit plutôt à nuancer la sévérité des appréciations négatives. Le désir de comprendre les intentions et les motivations profondes l'emporte chez moi sur la volonté de juger ou, plus exactement, il la précède. En faisant effort pour se mettre à la place d'autrui, en évoquant ce qu'on appelle judiciairement les circonstances atténuantes, on met à jour une réalité plus complexe qui se prête moins à des jugements tranchés. Cette révision du jugement peut d'ailleurs jouer dans les deux sens. J'ai été amené, au cours de nombreux colloques ou recherches collectives, à m'intéresser à des figures d'hommes politiques. On est alors souvent conduit à réduire l'écart entre ceux qu'on admire inconditionnellement et ceux que l'on vilipende de manière unanime. Il faut parfois revenir sur les éloges que l'on dispense un peu vite ou les blâmes trop rapides. Prenons par exemple deux figures de politiques aussi différentes que celles de Pierre Mendès France et de Guy Mollet, que l'on oppose généralement. Eh bien, même si mon admiration demeure pour le premier, je ne pense pas qu'il ait toujours eu raison, en particulier à cause de son intransigeance ou de l'incompréhension en face de l'évolution politique dont il a fait preuve parfois. En revanche, Guy Mollet, qui a été tant brocardé, détesté par une génération plus jeune que la mienne, mérite mieux qu'une condamnation totale. Certains de ses choix, notamment en mai 1958, m'inspirent de l'estime pour son jugement et son courage.

M. L. – Peut-on en rester à cette vision trop équilibrée de l'histoire ? Comment nier qu'il existe en son sein des rapports de force et de violence ? Dans votre existence sous l'Occupation, votre passé de militant chrétien ou votre carrière à l'université de Nanterre en mai 1968, vous n'avez pas été étranger à ces convulsions qui secouent notre destin collectif...

R. R. – Non, et ce serait, bien sûr, naïveté que de nier les tensions qui traversent notre histoire. Elles en sont une composante essentielle : peut-être même lui permettent-elles de progresser. Mais l'histoire ne se réduit pas toute à ces rapports de force et je suis réservé à l'égard des systèmes idéologiques qui, tel celui de Pierre Bourdieu, expliquent tout en termes de stratégies de pouvoir. Même si cette dimension existe incontestablement, elle ne constitue pas le dernier mot sur la réalité. Car l'être humain est beaucoup plus complexe et ne me semble pas mû exclusivement par la seule conscience de ses intérêts. Il y a chez tout homme, au moins chez la plupart d'entre eux, une capacité de générosité, de don de soi, qui leur permet d'obéir parfois à d'autres considérations que purement égoïstes. Dans certains cas, beaucoup d'hommes et de femmes peuvent faire preuve de dévouement et d'esprit de sacrifice. Même si le propos peut sembler paradoxal et provocant, au risque de choquer, j'irai jusqu'à dire que la guerre, paroxysme cependant des rapports de force, manifeste le sens de l'oblation. C'est une grande énigme, peut-être aussi une métaphore de la destinée humaine, que le phénomène des guerres – nous aurons l'occasion d'en reparler –, car il n'a rien d'accidentel. Elles exigent des individus le don suprême et le plus extraordinaire est qu'ils y consentent. Certains diront que c'est par stupidité, passivité ou instinct grégaire, et que les individus se laissent conduire à l'abattoir comme du bétail : à mon avis, ils ont tort. Si les hommes n'étaient que des animaux, exclusivement déterminés par leurs intérêts immédiats, ils ne participeraient pas à des actions collectives au service d'une cause réputée supérieure... Certes, l'éducation, en instaurant un surmoi, contribue à favoriser des comportements de ce type. Mais l'histoire n'est pas seulement la résultante de rapports de force : les hommes sont capables de risquer leur existence, leur bien le plus précieux, pour des objectifs désintéressés...

M. L. – Même pour aller faire sauter des tours et tuer des milliers de victimes ?

R. R. – Oui... Même si la cause est mauvaise comme pour ce qui s'est passé à New York le 11 septembre 2001 : cette action implique un sacrifice volontaire, qui transcende l'égoïsme personnel. Dans la politique ordinaire aussi, il ne me semble pas que l'homme soit motivé par ses seuls intérêts. Toutes les études sur les électeurs montrent que le vote n'est pas la simple traduction des intérêts sociaux et économiques : il leur arrive de voter contre ce qui serait de leur intérêt immédiat, et ce, non pas par ignorance ou aveuglement. J'ai souvent rompu des lances sur ce thème, car j'ai toujours été agacé par cette idée que les choix politiques ne seraient que la traduction des intérêts de classe. Ce n'est pas faire honneur à l'homme, à sa conscience et à sa liberté que de le penser. Ni faire confiance à la démocratie. On retrouve cet *a priori* réducteur dans un des postulats de la stratégie politique de François Mitterrand qui a souvent dit : « Nous avons la majorité sociale, nous aurons donc nécessairement la majorité politique. » Ainsi la proportion des salariés, grandissant dans la population active, devait inéluctablement conduire à la victoire politique de la gauche. Or en deux décennies, la proportion du salariat est passée de 62 à 82 %, sans aucune conséquence sur le rapport de force entre la droite et la gauche. Ce qui donne à penser que d'autres facteurs, sans doute la référence à des valeurs ou des convictions plus profondes, jouent aussi un rôle.

Raisons et déraisons de l'histoire

M. L. – Mais pourtant les sentiments ou l'irrationnel existent aussi, peur, séduction, enthousiasme…

R. R. – Vous parlez de la peur, et je ne peux m'empêcher de penser aux élections législatives qui ont suivi la crise de mai 1968, amenant, on s'en souvient, une majorité dite introuvable, conservatrice sinon réactionnaire. Et sur le moment, on a parlé d'élections de la peur pour l'expliquer. Je n'aime pas cette sorte d'expression, qui sous-entend que les électeurs ne sont mus que par des passions élémentaires et instinctives. Était-ce le cas ? Même dans la crise de mai 1968, les craintes pour la sécurité personnelle n'expliquent pas tout. Beaucoup craignaient aussi pour des valeurs auxquelles ils tenaient : en redoutant une subversion qui leur semblait se répandre comme un feu de brousse, ils réagissaient au moins autant par attachement à une conception, que l'on peut juger archaïque, de l'ordre social que par un réflexe matérialiste. Il y eut incontestablement aussi une dimension désintéressée dans cette réaction...

M. L. – La longue durée de l'histoire ne réside donc pas selon vous dans les flux économiques ou les luttes de classes, mais bien dans les mentalités et les convictions de l'homme ?

R. R. – C'est peut-être faire preuve d'aveuglement ou d'idéalisme naïf, mais c'est ma conviction nourrie de ma réflexion sur l'histoire que celle-ci est faite de comportements qui transcendent la durée des existences individuelles. C'est un grand mystère, pour moi l'énigme majeure, que la perpétuation de manières de penser qui survivent aux individus et se transmettent à travers le temps. Ainsi de la continuité du clivage entre droite et gauche : elle reste pour moi une source toujours renouvelée d'étonnement. Comment se fait-il que se soient succédé plusieurs générations, qui n'ont pas vécu les événements à partir desquels cette division s'est instaurée, et que celle-ci continue néanmoins de se transmettre presque à leur insu ? La plupart de nos compatriotes seraient bien incapables de reconstituer l'histoire de la tradition politique à laquelle ils appartiennent et pourtant ils se situent d'un côté ou de l'autre de ce clivage. Dans mon livre sur *Les droites en France*, je tentais d'établir une typologie des droites qui distinguait trois familles que j'ai baptisées légitimiste, orléaniste et bonapartiste ; je partais de l'hypothèse que pouvaient surgir et se perpétuer des familles politiques, avec leurs événements fondateurs et leurs grands hommes, leurs penseurs et leurs thèmes favoris : par exemple, de la monarchie de Juillet au septennat de Valéry Giscard d'Estaing, s'est perpétué un courant centriste de juste milieu. Il y a donc une force propre des idées : comme l'écrivait de manière éclairante Albert Thibaudet, un auteur trop oublié aujourd'hui, la politique, ce sont des idées. Il faut croire qu'une dynamique intellectuelle s'impose aux individus, qui trouve sans doute chez eux une disposition à l'accueillir…

M. L. – Vous parlez d'énigme… tout en disant que les idées mènent le monde et la politique. L'argument rationnel peut-il aller de pair avec des réalités plus mystérieuses ? N'est-ce pas contradictoire ?

R. R. – Non, si nous acceptons l'idée d'une certaine complexité de la nature humaine, et que cohabitent avec la logique des systèmes d'idées des éléments irrationnels. Ce n'est pas parce que certains choix peuvent nous sembler contraires au bon sens ou parfaitement déraisonnables qu'il faut les considérer comme incompréhensibles. La pure rationalité n'entre pas seule en ligne de compte. Passions et instincts y ont aussi leur part… Et puis, comment passer sous silence le poids des souvenirs, les uns positifs et quelquefois sublimés, idéalisés, d'autres négatifs, voire noircis ? On perçoit bien qu'à travers les fractures de la société française, les tragédies que notre pays a connues au XXe siècle, avec l'Occupation, les guerres de décolonisation et les passions qu'elles suscitèrent, restent vivaces aujourd'hui encore.

M. L. – Comme à travers les débats sur le régime de Vichy ou la torture durant la guerre d'Algérie, dont certaines réalités ne sont révélées que quelques décennies plus tard…

R. R. – De tels événements ne peuvent pas faire l'objet d'un débat à froid, dans une totale sérénité. Trop de personnes sont encore impliquées, et surtout ils suscitent des conflits idéologiques au nom de valeurs contraires. On prête à Napoléon ce mot : « La tragédie aujourd'hui, c'est la politique », une phrase qu'il faut comprendre dans les deux sens du mot tragédie, évoquant à la fois la théâtralité de la représentation et la dimension dramatique, passionnelle. A sa façon, un observateur aussi lucide que Raymond Aron tenait le même langage quand il reprochait à Valéry Giscard d'Estaing d'ignorer que l'histoire était tragique.

Pas une larme pour le franc !

M. L. – Vous venez d'évoquer la place des souvenirs dans la mémoire personnelle et dans la formation de convictions, d'idées… Mais si nous élargissons à l'histoire collective, la persistance d'une mémoire française spécifique a-t-elle encore un sens aujourd'hui ? A l'heure où nous parlons sans cesse de la globalisation et où nous expérimentons la mondialisation au quotidien, cette mémoire commune n'est-elle pas condamnée à court terme ?

R. R. – La question effectivement n'est pas académique : elle tourmente beaucoup de nos compatriotes, même s'ils ne se la posent pas explicitement. Et comment ne pas être frappé par la rapidité de certaines évolutions ? Voyez le passage en quelques semaines et sans convulsions du franc à l'euro. Certes, le franc n'est pas une institution aussi ancienne qu'on le croit : il symbolise sans doute plus la souveraineté que l'identité nationale elle-même, mais n'empêche, son histoire s'inscrit dans une durée longue qui a marqué notre vivre ensemble. Jusqu'à il y a peu, toute crise monétaire revêtait une signification symbolique qui dépassait son objet propre : l'effet psychologique était plus important que la dimension financière. Dans l'entre-deux-guerres, la dévaluation du franc, entre 1924 et 1926, a été ressentie comme une humiliation nationale. Le franc germinal incarnait la permanence de la France... Toucher à la monnaie, c'était attenter à la substance nationale ! Quelle différence avec la facilité qui a accompagné l'abandon du franc !...

M. L. – Pas une larme versée sur le franc ! Cela vous a vraiment surpris ?

R. R. – Comme tout le monde, adversaires ou partisans de l'euro. Les prévisions ont été déjouées et plus encore celles des adversaires de la monnaie unique, candidats virtuels à la présidence de la République, qui pensaient surfer sur un courant antieuropéen. Or sans à-coups et avec une rapidité inattendue, les Français se sont débarrassés de leurs francs. Ce ne fut pas le « référendum à l'envers » qu'espéraient les détracteurs du traité de Maastricht, mais peut-être l'expression d'une adhésion à la construction européenne. Est-ce à dire que les Français font leur deuil de la singularité française ? Sans prétendre à prédire l'avenir, je ne le crois pas. Il me semble, à ce propos, pertinent de distinguer entre mondialisation et intégration européenne.

M. L. – Cette distinction a-t-elle vraiment un sens ? Il s'agit à chaque fois de dépasser nos peurs hexagonales et de répondre à la logique des communications, des flux humains et des échanges économiques...

R. R. – Certes, mais si les deux mouvements vont bien dans le même sens, ils n'en sont pas moins profondément différents. La mondialisation, qui nous frappe de plein fouet, nous est imposée – cela n'a du reste pas grand sens de vouloir s'y opposer –, alors que la construction européenne s'inscrit dans un processus politique, de caractère volontaire. La différence est de taille : dans le second cas, elle exprime la volonté de ne pas subir les événements, mais d'en maîtriser le cours. A mon sens, si l'opinion française a consenti à la construction européenne, c'est parce qu'elle s'est convaincue qu'il n'y avait pas forcément antinomie entre le maintien d'une certaine identité nationale et l'édification d'un ensemble politique plus large. Bien sûr, ce processus d'acceptation a pris du temps, les mentalités n'évoluent pas du jour au lendemain… De plus, au début des années 50, à l'origine du mouvement en faveur de l'Europe, il y avait des passionnés, des croisés de la construction européenne qui, au nom d'une mystique presque fusionnelle, ne souhaitaient pas moins que la disparition des nations, et pas seulement des États : de même que les particularismes des provinces avaient naguère fait place à l'État national, les nations devaient à leur tour s'effacer au profit de la grande nation européenne. On retrouve quelque chose de cette conception dans le thème de l'Europe des régions, une vision fédéraliste à référence proudhonienne fondée sur le dépérissement des entités étatiques.

La cuisine et les commémorations

M. L. – Cette vision a fait long feu ?

R. R. – Oui, parce qu'à l'expérience, on s'est rendu compte qu'il était possible de bâtir une institution politique plus vaste que la nation sans la faire disparaître. Pour certains même, c'est la condition *sine qua non* pour que les nations survivent et fassent entendre leur voix dans le contexte international, au cœur précisément de la mondialisation.

Il n'y a donc pas contradiction totale avec l'attachement à notre mémoire nationale et avec le désir que notre identité française perdure…

M. L. – A travers notre cuisine ou notre art de vivre ?

R. R. – Par notre langue aussi et d'abord, qui est tenue par les Français pour plus importante que la monnaie : on le constate à travers la résistance à l'instauration d'un enseignement obligatoire de la langue corse. Par notre histoire commune également. Je ne crois pas du tout qu'il y ait acquiescement à l'effacement progressif d'une personnalité nationale construite dans la durée. Même si nous commençons à prendre davantage en compte l'histoire du continent européen, notre histoire nationale garde une grande place. Les programmes scolaires en témoignent et ce, depuis longtemps. L'enseignement de l'histoire comme matière obligatoire et la familiarité qui en résulte avec elle ont certainement contribué à forger l'identité française. De là peut-être aussi notre passion pour la commémoration des grands souvenirs : en témoigne par exemple la Grande Guerre qui revient en force dans notre mémoire collective. Longtemps occultée par la Seconde Guerre, elle est redécouverte aujourd'hui par le grand public, qui s'y intéresse de nouveau pour elle-même. Voyez les succès de librairie que font les *Mémoires de poilus*, les visites de scolaires sur les champs de bataille, à l'ossuaire de Douaumont ou à l'historial de Péronne, l'abondance des travaux d'historiens sur les mentalités ou la vie quotidienne au temps de la Grande Guerre.

M. L. – Les Français ont la maladie de la commémoration ?

R. R. – Je ne sais s'il faut en parler en termes de pathologie. Ce qui est certain, c'est que beaucoup d'événements font l'objet de célébrations. Récemment encore, on a commémoré en plusieurs départements la résistance au coup d'État de Louis-Napoléon Bonaparte du 2 décembre 1851. A Orléans, les fêtes de Jeanne d'Arc revêtent chaque année encore une grande solennité : et présidant récemment à Rouen cette émouvante cérémonie, j'ai été témoin de la forte mobilisation populaire. Des milliers de personnes y participent, les enfants des écoles jettent des fleurs dans le fleuve là où, voici sept cents ans, ont été jetées les cendres de Jeanne d'Arc. Autant de signes d'une pérennité de la mémoire nationale.

M. L. – Cette mémoire, on le voit, s'accroche tout autant à des événements qu'à des figures ou à des dates. Mais quel sens peuvent avoir les dates aujourd'hui ? Une simple manière de se raccrocher à un moment précis du temps ? Rappelons-nous le débat, voici quelques années, autour de la dimension chronologique de l'enseignement de l'histoire... Charlemagne en l'an 800, Marignan, 1515...

R. R. – Cela signifie peut-être, au-delà d'un exercice de mémorisation un peu scolaire et répétitif, que les dates répondent à une vraie nécessité intellectuelle. Sans cette opération de l'esprit, dont je conçois qu'elle peut paraître formelle, l'histoire n'est que l'écoulement continu de moments tous semblables. Dans ce flux, l'homme a besoin d'introduire des repères, il fait un sort à certains événements pour distinguer des séquences et scander la durée. Peu importe si ce n'est pas toujours la date exacte de l'événement considéré. Ainsi, nous avons fêté avec faste le changement de millénaire. Ce fut du reste l'occasion de réfléchir à la signification de l'ère chrétienne, à la portée de ce découpage de l'histoire qui s'est imposé comme la chronologie la plus universelle, et dont les moments sont fixés en fonction de la date présumée de la naissance de Jésus, même si nous savons que celle-ci est sans doute antérieure de quelques années.

Mais ces dates ne sont pas pure invention de l'esprit : elles se réfèrent généralement à des moments-clés, qui ont effectivement modifié ou infléchi le cours des choses, voire introduit des ruptures irréversibles. Elles peuvent correspondre à des bouleversements comme les révolutions ou à de grandes épreuves nationales comme le fut la guerre de 1914-1918. En en faisant mémoire, on signifie qu'elles ne peuvent ni ne doivent laisser indifférent : elles croisent les destinées individuelles et celle de la collectivité.

Le retour de la mémoire

M. L. – Mais justement, comment peut-on distinguer histoire et mémoire, par quelle alchimie passe-t-on de l'une à l'autre ? De saint Augustin à Paul Ricœur, la question se trouve posée d'un point de vue philosophique. Mais qu'en dit l'historien ?

R. R. – Il en reconnaît humblement la complexité, même si ce débat lui est devenu familier ces dernières années, à l'occasion notamment des procès Touvier et Papon, à propos des nombreux livres sur la guerre d'Algérie ou le régime de Vichy. Pour parler tout simplement, je dirais que pour la conscience, l'histoire est une mémoire sélective. Pour se souvenir de quelques événements marquants, il faut en oublier beaucoup. S'il existe probablement une mémoire latente quasi totale, les faits dont on se souvient n'en constituent qu'une partie infime. Quelques faits surnagent seuls.

Je vois plusieurs types de cas. Il y a d'abord l'événement qui impose d'emblée la conviction de son historicité et la postérité ne revient pas sur cette appréciation : elle la ratifie. Ainsi, même si une école d'historiens contre-révolutionnaires a estimé qu'on accordait trop de place à la Révolution française et fait observer que bien des mutations s'étaient déjà effectuées auparavant, il reste que les Français ont eu, d'entrée de jeu, le sentiment de vivre un grand événement historique. La chose n'est pas si fréquente. De même, la révolution d'Octobre ou la chute du mur de Berlin. Second cas : celui de l'événement dont on n'a pas tout de suite perçu l'importance. Ce n'est qu'après coup que s'en impose peu à peu l'évidence. A l'inverse, une catégorie de faits semblent sur-le-champ de dimension historique mais, avec le temps, apparaissent mineurs… Lors du coup d'État contre Gorbatchev à l'été 1991, certains politiques avaient parlé d'« événement considérable » : qui s'en souvient encore ? Plus proche de nous, on peut s'interroger sur la portée des attentats du 11 septembre 2001. Sous le choc du drame, devant le caractère inouï de l'action, le nombre de victimes, l'opinion mondiale a d'emblée jugé qu'on était en face d'un fait majeur et de portée historique. A l'instar de la chute du mur de Berlin en 1989, on a aussitôt décrété qu'on découperait désormais l'histoire en fonction de lui, avec un « avant » et un « après ». Un an plus tard, nous en sommes moins certains. Les choses ont pris un tour inattendu : les prédictions alarmistes ont été déjouées. On n'a pas connu depuis de nouvelles vagues de terrorisme ni de conflit de dimension mondiale. Le succès de la riposte américaine, sur laquelle planait un grand scepticisme, a comme refermé la parenthèse. Sans pour autant nier l'exceptionnelle gravité et la dimension tragique de cet acte terroriste éminemment condamnable, il se peut qu'avec le recul du temps son importance historique ne soit pas jugée aussi grande qu'on l'a cru juste après.

M. L. – Le travail de l'historien va donc consister à mettre de l'ordre, de la « raison dans l'histoire » pour paraphraser Hegel. N'est-ce pas de l'arbitraire de sa part ?

R. R. – C'est indéniable. Il découpe le temps, il ouvre des tiroirs où il range les événements qu'il classe par rapport à ces dates majeures dont nous avons parlé. Son souci d'intelligibilité va le conduire à rechercher les origines : même s'il existe de vraies ruptures, il y a rarement des commencements absolus, *ex nihilo*. Il entreprend en conséquence de remonter le temps, il relit l'histoire antérieure : ainsi, il expliquera le déclenchement de la Seconde Guerre mondiale à partir de la première. Par un perpétuel mouvement de va-et-vient, il va descendre et remonter le cours de l'histoire, en mettant en évidence antécédents et conséquences. L'événement auquel on s'intéresse n'est pas isolé : il irradie dans les deux sens, en amont et en aval. Toute une partie de l'histoire s'organise autour d'un fait, d'une date, comme la limaille de fer autour de l'aimant.

Quand les événements surprennent

M. L. – Et pourtant, il y a des événements qui ont paru imprévisibles à leurs contemporains, sans causes réellement déterminées. Prenez la crise de mai 1968, que vous avez vécue de très près…

R. R. – Oui, et je suis témoin que celle-ci a éclaté avec une telle soudaineté que personne ne l'avait vue venir. Je ne sais pas si l'historien agit de manière arbitraire, mais il a sur les témoins l'avantage, qui est une facilité, d'intervenir après la bataille. A lui de rechercher alors les antécédents comme on établit, grâce à la radiographie, l'histoire d'un tableau, avec les esquisses, les travaux préparatoires et les repeint. Il expliquera mai 1968 comme la manifestation au grand jour de tendances qui étaient déjà à l'œuvre comme la montée de la revendication individualiste, l'aspiration à la libéralisation des mœurs, il évoquera des mouvements similaires sur les campus d'universités étrangères. Il s'intéressera à un courant d'avant-garde intellectuelle comme le situationnisme. Le risque est, par cette rationalisation, de perdre de vue la soudaineté imprévisible de l'explosion, de méconnaître la part essentielle de la contingence, d'aboutir à la conclusion que la crise était dans la nature des choses, de l'ordre de la nécessité, alors que l'histoire aurait sans doute pu fort bien prendre un autre tour.

M. L. – Revenons plus précisément au lien entre la mémoire et l'identité nationale. Un historien comme Fernand Braudel percevait « l'identité de la France » à travers la diversité géographique, la multiplicité de ses paysages. Pour Colette Beaune, la naissance de la nation est liée à la monarchie…

R. R. – S'il y a singularité de chaque histoire nationale, Fernand Braudel a raison de rappeler que le territoire et son relief, les ressources naturelles ou le climat jouent un rôle dans la construction de cette identité. Pensons pour la Russie ou les États-Unis aux défis que constituent des conditions physiques rudes. La relation à l'espace est loin d'être indifférente.

Pour la France, il me semble que sa personnalité se singularise notamment par la continuité, une durée sans vraie rupture. C'est une des nations au monde qui a la plus longue histoire. Certes l'Égypte témoigne d'un passé plus ancien, mais entre l'ère des Pharaons et l'Égypte actuelle de Moubarak, que de ruptures, avec l'invasion perse, les Grecs, les Romains ou les Arabes ! Même type de rupture dans l'histoire de la Grèce, marquée profondément par des siècles d'occupation ottomane.

La longue durée française se rapproche davantage de ce qu'on sait de celle de la Chine, de la succession de quatre millénaires avec sa kyrielle de dynasties impériales, ou de l'Angleterre, marquée par sa singularité insulaire.

Mais cette continuité temporelle ne suffit pas : il faut en avoir intériorisé le sentiment. Colette Beaune a bien montré que l'idée nationale s'est constituée autour de l'État monarchique, autour de la Couronne. Georges Duby a évoqué le fameux « Dimanche de Bouvines » avec Philippe Auguste. A partir de Jeanne d'Arc, il existe un sentiment patriotique populaire que symbolise la résistance d'Orléans, par exemple. Les historiens, les politiques se sont plu à reconstruire l'histoire de la formation de cette identité nationale : Michelet, avec sa vision romantique de la France perçue comme une personne. François Mitterrand, visitant les fouilles du Louvre, a eu le sentiment de toucher, avec les fondations de la tour de Philippe Auguste, aux origines mêmes de l'État français, sept cents ans plus tôt.

Un « vouloir vivre » ensemble

M. L. – Dans la constitution de cette identité, l'État précède-t-il la nation ou l'inverse ?

R. R. – C'est la question de l'œuf et de la poule… Sur un mode plus sérieux, je vous répondrai que les deux me semblent liés. Voici quelques années, un gaulliste orthodoxe – il n'en reste plus guère – comme Alexandre Sanguinetti vous aurait répondu que c'est l'État qui a forgé la nation, il lui aurait préexisté : d'où la cohérence de ce courant politique attaché justement à la souveraineté et au rôle du pouvoir étatique. Je serais pour ma part plus nuancé, car il me semble que l'État n'aurait pas réussi à s'imposer s'il n'avait pas répondu à une sorte d'attente préalable, s'il n'y avait pas eu une adhésion implicite de la nation à l'existence d'un pouvoir. En d'autres termes, il faut que l'entité étatique s'appuie sur le sentiment populaire. Sans verser dans la légende dorée, je trouve que certains épisodes de notre histoire traduisent une telle adhésion, autour des figures de Jeanne d'Arc ou de Duguesclin… Je sais que ce n'est pas l'avis d'un historien américain comme Eugen Weber : pour avoir beaucoup étudié les campagnes françaises, il soutient qu'à la fin du XIXe siècle, les paysans restaient encore très attachés à leur terroir et n'avaient guère conscience de l'identité nationale. En dépit de la qualité de ses analyses, il me paraît sous-estimer cette conscience de l'appartenance à une grande nation, qui n'exclut pas d'ailleurs l'attachement à la petite patrie et à de petites communautés rurales. Les guerres, l'occupation du territoire ont avivé ce sentiment : au cours de la guerre de 1870, la résistance des Francs-Tireurs, l'appel à la Défense nationale lancé par Gambetta ont contribué à souder ce sens collectif. Et puis, n'oublions pas le rôle de l'école obligatoire et de la conscription. L'expérience du service militaire arrache le paysan au cadre étroit de son terroir, lui fait découvrir d'autres aspects de la France et vivre avec des conscrits d'autres régions. Ce brassage ne peut que créer peu à peu une configuration originale, une vraie cohésion…

M. L. – Ce qui n'empêche pas les divisions ou les conflits politiques…

R. R. – L'affirmation paraîtra paradoxale, mais plus les passions politiques sont vives et les divisions profondes, et plus elles soudent la solidarité nationale…

M. L. – Comme dans une famille, où des propos de table virulents n'affectent pas un lien d'attachement très fort ?

R. R. – Pas seulement. Le fait que d'un bout à l'autre du territoire national on retrouve les mêmes débats crée une réelle unité, des systèmes de valeurs partagés. Les grands enjeux sont les mêmes qui opposent la droite et la gauche : république ou monarchie, laïcité ou cléricalisme, tentation autoritaire ou antifascisme. La manière de se situer face à ces grands enjeux du destin collectif a structuré notre identité nationale et notre mémoire, consciente ou non. Je ne pense pas que celle-ci puisse se dissoudre facilement dans un ensemble plus vaste. Voici plus d'un siècle, Renan parlait de la nation comme d'un « vouloir vivre » ensemble. Certes, dans le passé de la France, le rôle de la monarchie, la volonté des rois comme Louis XIV ou de leurs ministres, comme Richelieu, l'action des légistes et des intendants ont forgé progressivement une personnalité forte, qui s'imposa aux individus sans qu'ils en aient forcément conscience. Mais il y eut aussi une volonté de vivre ensemble qui a conditionné la perpétuation de la nation.

Le danger de l'exception française

M. L. – Mais peut-on parler d'identité nationale sans verser dans le nationalisme, ou du moins dans une sorte de nostalgie passéiste ? Vous venez d'évoquer Jeanne d'Arc et Duguesclin : régulièrement, ces figures sont récupérées par l'extrême droite pour défendre ses propres thèses… Et l'on retrouve parfois ce type de réflexes chez une gauche souverainiste.

R. R. – La dérive nationaliste commence quand on postule une supériorité de l'identité française sur celle des autres pays. Ce qui n'est ni raisonnable ni défendable ! Je me méfie en particulier de tout un discours sur l'exception française, pour lequel la France constituerait un modèle unique en son genre que les autres auraient grand intérêt à imiter. C'est nier que chaque nation possède ses caractéristiques propres : la singularité française, incontestable, n'est pas toujours supériorité. Dans cette exception française, tout n'appelle pas nécessairement une admiration inconditionnelle : notre histoire comporte aussi des limites et des zones d'ombre, on en parle assez aujourd'hui dans le débat sur la décolonisation. Pourquoi serions-nous meilleurs que les autres ?

M. L. – Même un historien comme vous n'est pas habité par la nostalgie, le regret d'une France plus rayonnante ?

R. R. – Je récuse ce terme de nostalgie, qui ne s'accorde guère avec le fonds d'optimisme que vous releviez au début. Je serais nostalgique si je pensais que les valeurs de liberté, d'égalité de notre histoire étaient condamnées à disparaître, ce que je ne crois pas. La plupart des traits qui structurent notre tradition nationale ont de vraies chances de se transmettre durant plusieurs générations encore. Plus que de nostalgie, je parlerai d'affection, de sympathie, voire de piété, pour cette personnalité nationale, comme on peut être attaché à une tradition familiale. S'il me semble important d'entretenir précieusement, précisément même, le souvenir de notre histoire nationale, c'est par attachement et reconnaissance à l'égard de ceux qui nous ont précédés et dont nous sommes les héritiers. Comme je l'ai déjà dit, je me refuse à juger et à condamner les générations passées. Nos ancêtres, on l'oublie trop, ont connu beaucoup d'épreuves, qu'ils ont surmontées avec ténacité et courage. Telle était la conclusion qui s'est imposée à moi au terme de mon ouvrage *Notre siècle*, consacré au XXe siècle. Ces générations n'ont pas démérité : elles méritent au moins notre estime. Ce respect pour nos devanciers n'empêche pas de penser que tout n'est pas admirable ni ne mérite d'être conservé : il n'y a pas de sens à vouloir tout préserver en un réflexe passéiste, je dirai presque intégriste en utilisant un vocabulaire religieux qui n'est pas déplacé ici. Certaines réalités ont fait leur temps, si d'autres méritent d'être conservées.

M. L. – Mais d'où vient ce sentiment de supériorité que vous venez d'évoquer et qui transcende le clivage droite-gauche ? Pourquoi cette prétention à parler pour le monde, à faire mieux que les autres ?

R. R. – C'est un fait récurrent que deux pays ont une prétention particulière à l'universalité, les États-Unis et la France. Les Français ont eu depuis longtemps le sentiment que leur histoire avait une signification qui dépassait la seule nation française, que leurs gestes, leurs discours avaient une portée universelle. De fait, ils ont trouvé de par le monde des échos, des connivences à l'extérieur. Comment expliquer cette prédisposition à l'universel ? Il faut sans doute y voir d'abord l'empreinte du catholicisme...

M. L. – La France fille aînée de l'Église...

R. R. – Ou celle qui, comme disait le pape Paul VI, « cuit le pain de la chrétienté ». Avant qu'on ne les regarde aujourd'hui d'un œil critique, les Croisades avaient déjà cette dimension : comme l'écrit Péguy, Dieu a agi à travers les Français : « Gesta Dei per Francos. » La France s'imposera plus tard comme la grande nation missionnaire : si au départ ce sont l'Espagne et le Portugal qui ont exporté le christianisme aux Indes occidentales et orientales, au XIXe siècle plus de la moitié des missionnaires catholiques sont français. De nombreux instituts et congrégations fleurissent comme les Pères Blancs ou les Sœurs de Saint-Joseph de Cluny. Dans son beau livre sur *Les aventurières de Dieu*, Élisabeth Dufourcq a retracé l'action de ces nombreuses congrégations missionnaires féminines : plus de deux cents ! La France a joué un rôle considérable dans la diffusion du christianisme à la surface du globe, ce qui a contribué en retour au rayonnement de notre langue et de notre culture. On en relève encore les traces au Liban, en Syrie, en Égypte, à travers les institutions scolaires, collèges et lycées.

L'héritage des droits de l'homme

A côté de cette tradition chrétienne, il y a aussi l'héritage de la Révolution française, la Déclaration des droits de l'homme, tous les combats pour la démocratie et le suffrage universel, la forme républicaine des institutions et la liberté. A leur manière, politiques et écrivains ont témoigné de cette conviction d'agir et de s'exprimer pour l'humanité entière. Elle est présente chez Victor Hugo, Zola, Mauriac ou Sartre… De Gaulle ne disait pas autre chose en affirmant que la France épousait la querelle de l'Homme, la seule bataille qui vaille.

Depuis quelque temps, on insiste davantage sur les pages noires de notre histoire, comme si tout exercice de mémoire était nécessairement douloureux. En même temps, nous prenons conscience, avec un peu de tristesse, que nous ne sommes plus en mesure de jouer ce rôle d'éclaireur, d'avant-garde pour la défense des valeurs universelles. Nous en éprouvons un sentiment d'impuissance qui à mon avis ne s'apparente pas au chauvinisme ou au nationalisme, qui est l'attachement à un idéal. Mais il ne faut pas accepter l'occultation des valeurs positives que la France a apportées au monde : la Déclaration universelle des droits de l'homme adoptée en 1948 a été rédigée par un éminent juriste français, René Cassin ! N'oublions pas le combat humanitaire incarné par Médecins sans frontières, les French Doctors, le rôle de nos Casques bleus dans les conflits, auxquels l'opinion française se montre favorable. Elle se sent humiliée lorsque les Américains n'utilisent nos forces militaires que pour balayer le tarmac d'un aéroport afghan. Chacun garde le souvenir du temps où ce qui se passait dans notre capitale avait une dimension qui dépassait notre territoire. En 1940, la chute de Paris a été ressentie en nombre de pays comme un deuil véritable et sa libération, en août 1944, a été fêtée à l'étranger : Buenos Aires illumina pour la circonstance. Perdure au fond de notre conscience nationale l'idée que la France n'agit pas seulement dans son intérêt propre : elle invente, elle imagine pour le monde. Et de fait, elle a joué un grand rôle dans la construction de l'Europe, à travers les initiatives de Robert Schuman, Valéry Giscard d'Estaing, François Mitterrand, y compris pour la monnaie unique.

M. L. – Mais comment ne pas voir aussi dans cette mémoire française tout un pan plus nostalgique, plus nationaliste qu'universaliste et humaniste, comme chez Jean-Marie Le Pen ou Philippe de Villiers par exemple ? En témoigne la force de ce courant aux élections de 2002…

R. R. – Dès l'affaire Dreyfus, se dessine un clivage entre un nationalisme attaché à ce que la nation a de particulier et une vision attachée, elle, aux valeurs de liberté et de justice, plus soucieuse d'universel. Cette opposition se retrouve en 1940 entre Pétain et de Gaulle. Pour le premier, la France est toute là où sont le territoire et les morts : quiconque quitte le pays est considéré comme un émigré, un déserteur, voire un traître… Le vieux maréchal reste prisonnier d'une identité nationale que marque le lien sacré avec le sol : « La terre, elle, ne ment pas… » Pour de Gaulle, la conception de la nation est autre : la France est là où se poursuit le combat contre une idéologie perverse, pour des valeurs supérieures. Ainsi, lors de crises majeures, on voit se dessiner ce clivage entre deux visions de la nation française.

Refuser la nostalgie

M. L. – Comment comprendre alors que certains sentiments de nostalgie se retrouvent aussi à gauche, chez un Jean-Pierre Chevènement, par exemple ?

R. R. – Cette sensibilité exprime à sa manière, au-delà d'une certaine relativisation de l'opposition droite-gauche, une crainte devant la mondialisation et la construction européenne. A l'évidence, il serait erroné d'assimiler les vues de l'ancien ministre de l'Intérieur aux thèses nationalistes représentées par un Le Pen ou un de Villiers. Mais, comme d'autres républicains, héritiers de la Révolution française et de la tradition socialiste, Jean-Pierre Chevènement craint la disparition de la France, l'effacement de ses valeurs propres, sa transformation en une sorte de canton suisse, absorbé dans un système fédéral. Sentiments estimables, s'ils ne conduisent pas à un nationalisme rétracté et méfiant à l'égard des autres pays. Je ne partage pas cependant toutes ses analyses : comme historien, je trouve sa vision de la IIIe République entre 1880 et 1914 largement idéalisée. A y regarder de près, la réalité apparaît plus complexe. Et je ne suis pas sûr que les réponses apportées au début du XXe siècle par les hommes politiques de l'époque soient aujourd'hui pertinentes, même si demeurent les grands principes, de laïcité ou d'égalité. Encore leur contenu doit-il évoluer en fonction des changements profonds qu'a traversés notre société.

M. L. – Je terminerai volontiers cette première conversation par une question plus personnelle : à quel moment avez-vous ressenti le plus fortement, dans votre existence, votre appartenance à la communauté nationale ? Même si vous refusez d'être un nationaliste forcené...

R. R. – Très tôt sans doute, même si cela peut paraître vieux jeu ou démodé... Mon attachement profond, sans retour, à la France n'a jamais fait question pour moi : j'ai grandi dans une tradition d'amour de mon pays, de dévouement à son service...

M. L. – Parler d'amour n'est-il pas cependant un sentiment trop fort pour désigner une réalité immatérielle ? Peut-on vraiment porter de l'affection à une personne morale, à un ensemble de valeurs que l'on ne peut toucher ni embrasser ?

R. R. – Certes, ce sentiment, on ne l'éprouve pas à tout instant : il y a des moments où on vit plus intensément cette appartenance. Pour moi, ce fut plus particulièrement vrai avec la montée des périls, à partir de 1938. Même si le terme peut aujourd'hui paraître vieilli, je me sentais vraiment patriote, prêt à exposer ma vie s'il fallait sauver la France. Je me rappelle certaines de mes conversations avec mes camarades de khâgne, dans l'hiver 38-39... Nous avions vingt ans et nous n'avions pas la moindre hésitation à la pensée de nous battre pour elle. Nous avions l'impression d'avoir tellement reçu de notre pays que c'était la moindre des choses que de prendre des risques pour assurer sa survie. Au-delà de l'éducation familiale, nous étions nourris de toute une culture qui exaltait ce sens du sacrifice : l'histoire romaine, les tragédies de Racine et de Corneille, les chants de la Révolution, les poésies de Victor Hugo...

M. L. – Ce n'était pas un nationalisme « rétracté » ? Vraiment ?

R. R. – Non, je suis même absolument sûr du contraire. Qu'il ait existé, et nous y reviendrons, chez beaucoup de Français une défiance à l'égard de l'Allemagne après la guerre de 1914-1918, c'est certain, mais je ne pense pas l'avoir jamais partagée. Il me semble, pour parler sincèrement, que mes convictions de patriote, mon amour de la France, n'ont jamais entraîné chez moi de sentiments négatifs ou crispés. La diversité des cultures et des pays m'a toujours intéressé. J'ai toujours été curieux de leur histoire. C'est le propre de l'histoire que de faire découvrir d'autres peuples. Quel meilleur moyen pour dépasser ses étroitesses et comprendre d'autres humanités que la sienne ? Mon attachement à mon pays, à son histoire était inséparable de l'attachement à des valeurs universelles dont je savais qu'il avait plus que d'autres contribué à les concevoir, à les proclamer, à les servir.

II

La guerre et la paix

« C'est reparti comme en 14 », pourrait-on dire ! L'expression a fait florès et, comme on l'a déjà souligné, les Français redécouvrent aujourd'hui fortement leur histoire nationale et en particulier la Grande Guerre. Est-ce parce que cette mémoire collective se forge davantage dans les moments de deuil, dans une certaine douleur partagée ? Est-ce parce que des traces ou des monuments gardent encore vivants les souvenirs de ce conflit ? Est-ce la dimension massive, l'ampleur de la tuerie qui ont su marquer aussi profondément l'inconscient collectif ? Il n'empêche, cette présence forte de la guerre et de la paix pèse sur notre histoire…

Marc Leboucher – A grands pas, nous venons d'explorer les liens complexes qu'entretiennent la mémoire, l'histoire et la durée. Revenons, si vous le voulez bien, à un cadre plus chronologique, qui rejoint votre itinéraire biographique. 1918, c'est l'année de la paix ; c'est aussi l'année de votre naissance…

René Rémond – Oui, je suis né quelques semaines avant la fin de la guerre. Je pourrais ainsi presque dire que j'ai connu les deux guerres.

La guerre ? Une énigme et un mystère

M. L. – Vous disiez tout à l'heure que, finalement, la guerre représentait pour vous une sorte d'anomalie de l'histoire, et en même temps un phénomène digne d'intérêt parce que les hommes s'y engageaient avec toute la puissance de leur conviction. En 1918, la France est exsangue, saignée par quatre longues années de conflit. Comment cela marque-t-il cette première période d'après-guerre ? Peut-on déjà dresser un premier bilan, alors que les plaies ne sont pas encore refermées ?

R. R. – Quelques mots derechef sur le problème spécifique posé par la guerre. C'est à la fois une énigme pour l'historien et un mystère pour le chrétien. On ne peut pas le passer sous silence, éviter de le considérer : le phénomène est trop universel et trop récurrent pour qu'on puisse le tenir pour un accident qui relèverait seulement de la pathologie des sociétés. Lié étroitement à la condition humaine, déconcertant parce que irrationnel, ce phénomène n'a pas en soi de justification morale, même si on peut trouver pour tel ou tel conflit des légitimations circonstancielles : relever un défi, répondre à une agression. Mais le fait que les hommes s'entretuent n'a pas de légitimation éthique ou rationnelle.

Les explications de type matérialiste qui voient dans les conflits armés une simple lutte d'intérêts ne satisfont pas mon besoin de comprendre. Ainsi de la formule de Jaurès : « Le capitalisme porte en lui la guerre comme la nuée l'orage. » L'image est belle, saisissante même mais, à mon avis, elle ne résiste pas à l'analyse. Dans une guerre, on joue quitte ou double : le risque est considérable, rien moins que sa vie, pour les individus. On peut tout perdre sans certitude de gagner et ce qu'on gagne est sans commune mesure avec le prix à payer.

On peut certes rendre compte du déclenchement d'un conflit par le calcul des capitalistes, des marchands de canons, qui y trouvent un débouché pour leur production. Mais comment expliquer que les hommes acceptent de risquer leur vie, puisque la guerre se conduit avec les peuples, depuis l'instauration de la conscription et le recours à la nation armée ? Il en irait autrement avec des militaires professionnels. Au risque de me répéter, je trouve que ce n'est pas faire honneur à l'homme et au sentiment démocratique que de prétendre que, dans les guerres, les peuples se laissent mener à l'abattoir. Je suis d'ailleurs surpris que cette explication réductrice ait toujours été développée par des hommes de gauche, alors qu'elle traduit une vision pessimiste de l'individu, qui ne serait mû que par ses propres intérêts ou incapable de se conduire en homme libre.

M. L. – Pourtant la propagande joue son rôle aussi à l'époque de la Grande Guerre, pour manipuler et orienter l'opinion, dans le sens du bellicisme !

R. R. – Oui, mais tous les travaux récents consacrés à cette période montrent que les Français et les Françaises ont accepté la guerre avec ce qu'elle impliquait. Qu'ils aient eu tort ou raison, c'est un autre problème. Mais ils l'ont acceptée, je ne dirai pas de gaieté de cœur, mais en connaissance de cause. L'objectif poursuivi leur paraissait justifier les plus grands sacrifices. C'est cette implication, cet engagement qui déconcerte : le phénomène est ambigu. Comment ne pas être choqué que les hommes s'entretuent ? Mais aussi comment ne pas ressentir de l'admiration pour la disposition de tant d'humains à sacrifier ce qu'ils ont de plus précieux, pour une cause jugée supérieure ? Voilà qui prouve qu'il existe bien chez l'homme une capacité de dévouement, d'abnégation, de sacrifice. A plus d'un titre, la guerre me paraît illustrer ce qu'il y a de plus complexe et de plus ambivalent dans la nature de l'homme...

M. L. – Vous semblez pourtant presque fasciné par ce sens de l'oblation, du sacrifice. Sans être choqué outre mesure par tout ce déploiement, ce déferlement du nationalisme qui va émerger en France, en particulier après l'affaire Dreyfus. Mais quand même, le revirement d'un chrétien et socialiste comme Charles Péguy qui fait de la guerre une cause quasi sacrée, les thèses véhiculées par les Déroulède ou les Barrès, n'est-ce pas complètement inacceptable, humainement et intellectuellement ?

R. R. – Ce l'est assurément aujourd'hui pour nous, qui relisons cette histoire à travers la suite et en particulier après la Seconde Guerre mondiale qui projette son ombre sur la Première, et aussi les guerres de décolonisation. C'est aussi un jugement d'Européens qui ont exorcisé depuis cinquante ans les conflits armés de leurs relations et construit un ensemble politique sur la volonté de bâtir la paix de manière durable. En la circonstance, il faut distinguer absolument entre le nationalisme de politique intérieure d'une faction au lendemain de l'affaire Dreyfus, associé à l'antisémitisme et au militarisme, de la réaction patriotique des Français en 1914. C'est alors le pays unanime qui réagit, pas seulement les nationalistes, en adhérant à l'Union sacrée.

M. L. – Même la gauche et les socialistes ?...

R. R. – En effet, tous s'engagent dans la guerre. On peut avoir aujourd'hui le sentiment d'une terrible illusion, mais en 1914 les Français ont eu simplement un réflexe patriotique d'appartenance à une communauté nationale qui s'estime victime d'une agression injuste. La France n'est pour rien dans le déclenchement de la guerre, si ce n'est qu'elle est solidaire de son alliée, la

Russie. Dans les jours qui précèdent la déclaration de guerre, le gouvernement a ordonné un retrait de quelques kilomètres des troupes de couverture pour ne pas donner à l'Allemagne le moindre prétexte d'un incident qui justifierait le déclenchement du conflit. Les Français ressentent donc la déclaration de guerre de l'Allemagne comme une agression injustifiée. Cet affrontement, ils ne l'ont pas cherché, ils ne l'ont pas souhaité, pas même ceux qui ont la nostalgie des provinces perdues. Mais puisque l'occasion surgit de laver l'affront de la défaite de 1870, même si le souvenir lointain n'obsède plus la plupart des contemporains, pourquoi ne pas la saisir ? Cette guerre, on lui trouve alors toutes sortes de justifications qui peuvent nous paraître aujourd'hui discutables parce que la suite nous est connue. A l'évidence, lorsqu'on compare l'Allemagne de Guillaume II au Troisième Reich de Hitler avec le recul de l'historien, le sens du premier conflit se trouve relativisé. Mais les Français de 1914 ont bien la conviction de ne pas défendre seulement leur patrie, l'indépendance nationale, l'intégrité du territoire, mais aussi de se battre au nom du droit contre la force. A cet égard, la phrase rapportée du Chancelier allemand sur le traité tenu pour un « chiffon de papier » fait scandale, de même que la violation de la neutralité belge. Sans faire preuve d'un nationalisme archaïque, nos grands-parents ont cru sincèrement que la France défendait le droit contre la force, la liberté des peuples contre l'hégémonie allemande, la démocratie contre un régime qui n'est pas totalitaire, assurément, mais autoritaire et dirigé par une caste militaire. Cet ensemble de références confère un contenu idéologique et une dimension morale au conflit : on prend les armes pour des valeurs. Si on perdait la guerre, ce seraient les principes du droit qui seraient aussi défaits. Si l'on gagne, en revanche, on parachèvera l'œuvre de la Révolution française, en instaurant la démocratie en Europe et une paix définitive. A la lumière des catastrophes qui ont suivi et des déceptions, ce grand idéal moral et politique peut nous paraître chimérique : mais il ne s'agissait de rien moins, pour les Français du temps, que d'éteindre les conflits en Europe. Il est indiscutable qu'ils y ont cru sincèrement.

Une adhésion unanime

M. L. – Est-ce si étonnant, avec la revanche liée à la guerre de 1870 et les sentiments nationaux dont nous venons de parler ?

R. R. – Oui ce le fut : cette adhésion unanime a été vraiment une surprise. A la veille de la Première Guerre, personne ne sait comment la France se comporterait en pareille situation. Elle apparaît, et c'est incontestablement une réalité, profondément divisée. On la sait déchirée par la querelle religieuse, les conflits sociaux ; on constate une instabilité politique liée au régime parlementaire. La menace que représente un syndicalisme antimilitariste et internationaliste n'a rien de théorique : à l'époque, la CGT est contrôlée par les anarcho-syndicalistes, le syndicalisme révolutionnaire. Elle a fait savoir qu'elle répondrait à l'ordre de mobilisation par la grève générale. Il n'est pas exclu que l'Allemagne ait spéculé sur cette éventualité.

M. L. – Vraiment ?

R. R. – Le Kaiser a pu être impressionné par les défectuosités du régime démocratique : les divisions s'étalaient au grand jour entre cléricaux et laïques, entre droite et gauche. La France pourrait-elle résister à une offensive ?

D'où l'étonnement, quand à la mobilisation les Français prennent soudain conscience de la situation et se retrouvent étonnamment unis.

M. L. – Un événement qu'ils n'ont, semble-t-il, pas vu venir…

R. R. – Quelques esprits lucides mis à part, personne n'a perçu l'imminence du conflit, en dépit de la crise diplomatique qui le précède. Jusqu'au moment où l'Autriche attaque la Serbie, le 23 juillet 1914, les Français n'ont pas vu venir la guerre : ils sont beaucoup plus préoccupés de problèmes intérieurs ou curieux du déroulement du procès de Mme Caillaux, qui avait assassiné le directeur du *Figaro*, Gaston Calmette, à la suite d'une campagne de presse violente contre son mari. Mais dès la guerre déclarée, après l'effet de surprise, la réaction est tout autre que celle qu'on attendait : c'est l'Union sacrée.

M. L. – Un phénomène nouveau ?

R. R. – Songez que l'état-major français, se fondant sur des expériences antérieures, évaluait à 13 % la proportion de mobilisés qui ne rejoindraient pas leur unité d'affectation. Un chiffre énorme ! Or le nombre de ceux qui ont cherché à se soustraire à l'obligation n'a pas dépassé 1,5 %, proportion infime comparée à ce que l'on avait observé durant les guerres précédentes, pour ne pas parler de la période du premier Empire où les désertions étaient extrêmement nombreuses… Les syndicalistes ne reprennent pas leur mot d'ordre de grève générale. Après le conflit, certains avoueront que ce mouvement social aurait été impossible, faute de grévistes. Ce rejet de la grève, cette réaction unanime révèle que l'unité est plus profonde qu'on ne croyait, que les divisions sont secondaires comparées à ce qui unit les Français. Jusqu'au bout, il n'y aura pas de défaitisme, alors que la prolongation du conflit provoquera des crises du moral en Russie et même en Italie. La France est le pays qui a le mieux résisté.

M. L. – Ce qui donne raison à ceux qui pensent que, si la démocratie est un régime fragile, défini par l'institution du conflit, comme le dit le philosophe Claude Lefort, elle peut aussi montrer sa force, sa cohésion dans certaines grandes circonstances…

R. R. – C'est effectivement un paradoxe stimulant que de constater la solidité du régime républicain en pareille occasion.

Vivre dans le deuil

M. L. – Reprenons, si vous voulez, le cadre chronologique. Comment vit-on autour de vous ce 11 novembre 1918 ? Comment vivre avec les plaies de la guerre ?

R. R. – Ayons à l'esprit le double caractère de cette journée du 11 novembre 1918. D'un côté, c'est une explosion de joie, les cloches sonnent, on chante et l'on descend dans la rue fêter la fin des combats. Mais pour tous ceux qui ont perdu un des leurs, c'est aussi une journée de deuil, même s'ils trouvent dans leur douleur une consolation à penser que ces derniers ne sont pas morts pour rien, puisque la cause pour laquelle ils se sont battus a triomphé. La référence à la guerre projettera son ombre sur ce que nous appelons aujourd'hui « l'entre-deux-guerres » et que les contemporains ne pouvaient évidemment pas percevoir comme telle. Pour eux, c'est une vraie après-guerre, avec à la fois la fierté et l'exultation de la victoire, le deuil et la douleur.

M. L. – Un sentiment ne l'emporte-t-il pas sur l'autre, pourtant ?

R. R. – Probablement le second. Les sacrifices ont été si lourds humainement, que la pensée des morts assombrira l'allégresse de la victoire. La France se couvre de monuments aux morts et le 11 novembre on célèbre plus la fin des combats que la victoire. Ainsi, c'est la mention Armistice qui figure sur le calendrier des postes.

Les municipalités ne sont pas les seules à rendre hommage aux disparus : toutes les collectivités, scolaires, professionnelles, s'y associent comme en témoignent encore des plaques commémoratives dans les gares ou les lycées. Jeune lycéen dans les années 30, je me souviens de la solennité que revêtait la commémoration de l'Armistice. Chaque 10 novembre, on arrêtait les cours une heure plus tôt pour se retrouver à une cérémonie autour du monument aux morts. Les lycéens, enfants et adolescents, entendaient lire la liste de leurs aînés qui avaient disparu au « champ d'honneur », un père, un frère, un cousin, un ami... Cette litanie laissait une impression profonde sur les jeunes esprits...

M. L. – A l'époque, comment partagiez-vous cet état d'esprit ? Peut-on parler d'une tristesse générale, ou, d'une manière plus critique, d'un goût un peu morbide pour la commémoration ?

R. R. – Cela peut être difficile à imaginer soixante-dix ans plus tard, mais je crois avoir ressenti une certaine fierté d'appartenir à un pays qui venait de vivre la plus grande épreuve de son histoire, par sa durée, l'étendue des pertes, la participation massive de sa population. Comment être insensible à la mobilisation nationale ? Car c'est toute la nation qui a été tendue dans un effort collectif : les combattants, les ouvriers dans les industries d'armement qui se plient à des horaires contraignants, les femmes qui conduisent les tramways, distribuent le courrier ; sans parler de toutes les agricultrices dont dépend la nourriture du pays... Il y a aussi une fierté diffuse d'appartenir à une nation victorieuse : à l'époque, on ne mesure pas encore la fragilité de la victoire. Le monde entier croit que l'armée française est bien la première du monde...

M. L. – Vous cédez au cocorico national ?

R. R. – L'expression n'est pas appropriée, mais le sentiment était tout à fait justifié. C'est la France qui a supporté le poids le plus lourd de la guerre, les pertes proportionnellement les plus élevées. Un million trois cent mille morts pour un pays dont la démographie est faible, c'est une perte dont, dans le contexte actuel de paix, nous avons du mal à mesurer l'ampleur. Des pertes qui ont touché les classes d'âge entre vingt et trente ans, qui ont eu un cinquième de disparus. Huit millions et demi de Français mobilisés. Se met en place toute une liturgie laïque, ou civile, du souvenir, autour des monuments, avec la minute de silence et la sonnerie aux morts. Une liturgie également domestique : dans tous les foyers, trônent les photos des disparus, des objets ramassés sur les champs de bataille, douilles ou éclats d'obus. Et les cimetières militaires, ces immenses nécropoles... N'oublions pas que les combats se sont déroulés pour l'essentiel sur notre sol, accumulant les ruines. Des villages ont totalement disparu, des villes ont été détruites... Pensez qu'il faudra attendre 1937 pour que, en présence du président de la République, on inaugure la cathédrale de Reims enfin restaurée, dont on était convaincu que les Allemands l'avaient intentionnellement bombardée et incendiée, pour détruire un symbole national, celui du sacre des rois, lié au souvenir de Clovis et de Jeanne d'Arc.

Tourner la page

M. L. – A partir de quand tourne-t-on vraiment la page de l'après-guerre ?

R. R. – Je dirais en 1929-1930... La reconstruction est alors presque achevée : on pense en avoir fini avec les suites du conflit. Il y a certes tous ceux qui par centaines de mille ont souffert dans leur chair et leurs affections, comme ces veuves blanches qui ont perdu leur fiancé et qui ne se marieront pas, les orphelins, pupilles de la nation. Mais la France a retrouvé un dynamisme certain et son économie a rejoint et dépassé le niveau de 1913. Même si, dès 1932, on entre à nouveau dans la crise, et ce qui va progressivement devenir une avant-guerre...

M. L. – Nous retrouvons les manies de l'historien soucieux des dates et des découpages...

R. R. – Il se trouve que les décennies, les années 20 de l'après-guerre, les années 30 d'une autre avant-guerre, ont une certaine cohérence. Au cœur de beaucoup de Français persistent une inquiétude et la crainte d'une revanche allemande. La France demeure anxieuse pour sa sécurité, elle n'ignore pas le déséquilibre démographique entre une France vieillissante et une Allemagne dynamique. Cette appréhension se traduit chez les politiques et dans une partie de l'opinion par l'attachement vétilleux à des garanties, l'occupation de la rive gauche du Rhin, l'alliance avec la Grande-Bretagne, l'appui des États-Unis, les alliances à l'Est. Tous cependant ne partagent pas ce sentiment de précarité :

à gauche, on pense qu'il faut construire la paix sur des bases nouvelles...

M. L. – Permettez-moi de revenir un peu en arrière, sur les leçons et les enseignements du conflit. Peut-on dire qu'il a permis de renforcer la démocratie ? Écrivant un siècle auparavant sur l'expérience américaine, Alexis de Tocqueville remarque que les démocraties n'aiment pas faire la guerre et qu'elles tendent vers une vision pacifiée de la société. Cependant, lorsqu'elles décident d'entrer dans un conflit, comme les États-Unis à partir de 1917, alors elles vont jusqu'au bout, elles se mobilisent totalement. Partagez-vous cette analyse ?

R. R. – A première vue, l'expérience de la Grande Guerre me semble plutôt la confirmer. Avant le déclenchement du conflit, on pouvait s'interroger à juste titre sur la capacité d'un gouvernement démocratique à faire la guerre, qui exige des décisions rapides et exclut la délibération sur laquelle repose la pratique de la démocratie politique. La conduite de la guerre nécessite continuité, un minimum de secret et de cohésion pour arrêter et mener à bien une stratégie efficace, ce qui ne va pas de soi avec l'instabilité des gouvernements. L'avantage paraît revenir aux régimes autoritaires qui ne sont pas embarrassés par l'obligation de s'expliquer devant l'opinion publique et la représentation nationale... Certes, le régime politique français a connu alors des moments de flottement, mais c'est finalement la France démocratique qui est sortie victorieuse de l'affrontement avec le Reich impérial. On peut même se demander si la guerre aurait bénéficié jusqu'au bout d'une pareille unanimité si le régime n'avait pas été démocratique. *A contrario*, gardons-nous de sous-estimer la fragilité du régime : si la République se redresse en 1914 à partir de la bataille de la Marne et connaît un réel sursaut, en 1940 elle ne survivra pas au choc de la défaite militaire.

Ces deux exemples de sens contraire tempèrent la thèse de Tocqueville. Il faut aussi prendre en compte des données proprement géographiques : les États-Unis sont protégés par l'espace, par leurs deux océans, ils peuvent prendre leur temps avant de se lancer dans un conflit de longue haleine. C'est pourquoi le peuple américain a été tellement traumatisé par les attentats du 11 septembre : c'était l'équivalent d'une invasion. En revanche, la contiguïté territoriale de l'Allemagne et de la France ne laisse pas de marge de sécurité.

L'émergence des nations

M. L. – A l'issue de la guerre émergent des nations nouvelles, en particulier en Europe centrale, à la suite des traités de paix. N'est-ce pas une autre manifestation de ce nationalisme que nous évoquions tout à l'heure ? Les accords diplomatiques n'ont-ils pas constitué largement une fiction, n'empêchant pas par exemple les Balkans d'exploser à la fin du XXe siècle ?

R. R. – L'émergence que vous rappelez de nouvelles nations est la conséquence directe de l'effondrement des empires. L'Europe est alors le théâtre d'un bouleversement territorial et géopolitique, puisque la fin de la guerre entraîne la disparition de quatre empires, russe, austro-hongrois, allemand et ottoman. La nouvelle Europe se reconstruit sur le principe des nationalités : les peuples échappent à leur prison. Dans le cas de l'Allemagne, les minorités, alsacienne pour la France, polonaise, danoise, recouvrent leur liberté. Des pays disparus ressurgissent telle la Pologne. D'autres peuples accèdent pour la première fois à l'indépendance, Tchèques ou Slaves du Sud... Cette efflorescence des nations est perçue comme la conséquence naturelle du combat mené par les Alliés, justifiant l'espoir des Français partant en guerre en août 1914. On connaît le mot de Charles Péguy prenant congé d'une amie : « Je pars pour fonder la République universelle. » C'était l'idée que les principes régissant la société française allaient devenir la règle de l'Europe entière. A leur façon, les traités signés en 1919-1920 ont traduit le souci d'œuvrer en ce sens. C'est par la suite qu'on en découvrira les défectuosités et les injustices. Certains pays comme la Hongrie ont été très durement sanctionnés. Ils ne pourront pas ne pas être révisionnistes...

M. L. – A commencer par l'Allemagne...

R. R. – Oui, et la leçon a été cruelle. Par excès de rigueur, la France n'a pas su prévenir un futur conflit, encore qu'il faille se garder de considérer qu'elle est responsable de la Seconde Guerre. L'histoire comporte heureusement aussi des aspects positifs. La comparaison entre les deux après-guerres est à cet égard des plus instructives. Après 1918, dans l'euphorie de la victoire, la France, assoiffée de sécurité, humilie l'Allemagne sans chercher à établir des relations apaisées ou cordiales. Elle se comporte en créancière exigeante, intraitable sur la question des réparations. Et comme l'Allemagne ne cherche pas à honorer ses engagements, la France opère une prise de gage : un peu moins de cinq ans après la victoire, elle occupe la Ruhr et prélève les revenus. L'occupation est ressentie par la population allemande comme la loi du vainqueur et entretient l'idée du *diktat*. On se souvient que les Allemands n'ont pas été admis aux pourparlers, ils n'ont pas eu leur mot à dire. La paix leur a été imposée avec ses conditions arrêtées entre les vainqueurs. Situation difficile à accepter pour un peuple qui a le sentiment, s'il a perdu la guerre, de s'être battu courageusement.

Une pédagogie de l'histoire

Or, au lendemain de la Seconde Guerre mondiale, ce n'est pas du tout le même comportement. La France, il est vrai, a été battue en 1940, mais ce serait une raison d'être plus sévère encore. Envahie, pillée, victime d'une occupation dont on connaît les conditions, elle aurait toutes les raisons d'en vouloir durablement aux Allemands. L'ennemi, à la différence de l'Allemagne impériale, n'était pas un adversaire loyal. C'était le Troisième Reich de Hitler, animé d'une idéologie perverse. Il est en outre plus facile au vainqueur de surmonter sa victoire qu'au vaincu sa défaite… Or cinq ans après la victoire de mai 1945, dans le même délai que pour l'occupation de la Ruhr, la France fait le choix de la réconciliation des deux peuples. C'est la déclaration historique du 9 mai 1950 par laquelle la France propose de mettre en commun leurs ressources de charbon et d'acier. Initiative d'une audace inouïe à laquelle je ne connais pas de précédent.

M. L. – On veut sortir du cercle infernal, de la violence des ennemis héréditaires…

R. R. – Ce renversement de perspective atteste qu'on peut tirer des enseignements de l'histoire et montre qu'il est possible à une volonté politique de refuser une logique de guerre et de briser le cercle infernal des représailles. En 1950 les Français se refusent à identifier l'Allemagne au national-socialisme. Ce qui n'allait pas de soi : Hitler était arrivé au pouvoir régulièrement, le peuple allemand l'avait accepté… Aussi la proposition du gouvernement français à l'ennemi d'hier de mettre en commun les ressources les plus importantes qui soient alors pour la souveraineté d'un pays, le charbon et l'acier, est-elle assez extraordinaire. Jamais on ne rendra assez hommage à l'intelligence de Jean Monnet, à la lucidité de Robert Schuman à l'époque... Entre 1923 et 1950, l'opinion française aussi a mûri.

M. L. – Il y aurait donc comme une expérience positive des guerres...

R. R. – D'une certaine manière, oui. On ne peut plus prétendre que l'expérience ne sert à rien. Il s'agit de fonder désormais les rapports entre les deux peuples sur d'autres bases que des rapports de force.

M. L. – Si nous revenons à l'entre-deux-guerres où s'expriment si fort les tentations de revanche, les courants de réconciliation avec l'Allemagne ou les survivances du pacifisme n'arrivent pas à faire entendre leur voix ?

R. R. – Au cours des années 1925-1930, tout un courant de pensée a travaillé pour la réconciliation entre les deux peuples. Un Aristide Briand personnifie cette orientation, qui entend fonder la paix sur la sécurité collective, la confiance dans la Société des Nations... Mais cette idée de reconstruire le continent européen sur des bases nouvelles est loin de faire l'unanimité. Elle divise les Français, elle divise les catholiques... Cependant, à partir de 1929-1930, je l'ai dit, la page de la Première Guerre est tournée, on regarde vers l'avenir, le pays a repris confiance, l'économie tourne... En 1931, à l'occasion de la grande exposition coloniale à Vincennes, la France célèbre sa grandeur retrouvée avant que l'avenir ne s'assombrisse... Personne à l'époque, hormis quelques écrivains comme André Gide, ne s'interroge sur la légitimité de la colonisation. La plupart des Français sont fiers que leur pays apporte à des peuples que l'on tient encore pour sauvages, voire barbares, les fruits de la civilisation, éradique l'esclavage, leur apprenne à lire…

La guerre entre en littérature

M. L. – Parallèlement, la mémoire de la Grande Guerre perdure. Elle est parvenue jusqu'à nous à travers l'histoire, les récits familiaux ou les commémorations, mais plus encore sans doute à travers les grandes œuvres littéraires du XXe siècle. A ce propos, on peut presque dire sans exagération que l'événement est fondateur de la littérature moderne. Mais comme les interprétations et les regards divergent ! Pour Maurice Genevoix, c'est le sens du sacrifice qui domine, pour Henri Barbusse une boucherie qu'il faut dénoncer à tout prix. Céline ou Cendrars se livrent à une reconstruction du langage à partir de leur propre expérience, Montherlant ou Teilhard de Chardin y exaltent l'héroïsme. Et jusqu'à Proust qui évoque les bombardements de Paris dans le dernier tome de la *Recherche*…

R. R. – La publication en pleine guerre de l'ouvrage d'Henri Barbusse, *Le feu*, qui dénonce les horreurs du conflit, prouve qu'en dépit de la censure, régnait alors une assez grande liberté. Il obtient le prix Goncourt en 1917, en dépit de l'engagement de la France dans le conflit et à l'encontre de la propagande officielle. Après la guerre, le débat est ouvert et des critiques sur le principe même de la guerre peuvent s'exprimer. Selon les auteurs ou les lecteurs, on mettra davantage l'accent sur la dénonciation d'une vaste boucherie, d'un massacre qu'il ne faut revoir à aucun prix, ou, à l'inverse, on exaltera les héros. Or, il ne faut pas se le cacher, ni même en avoir honte, ma génération a grandi dans une admiration partagée d'un certain héroïsme... Certes, il conviendrait de nuancer ce constat en fonction des traditions familiales, mais dans beaucoup de familles, on est patriote...

M. L. – Pas nationaliste ?

R. R. – Ce n'est pas du tout la même chose... L'accent est mis sur la leçon de dévouement, de courage qu'ont donnée les combattants ; il convient d'être digne de ceux qui sont morts au champ d'honneur...

M. L. – Toute une littérature vient donner des leçons de morale à la jeunesse française ?

R. R. – Il y a ceux qui, comme Montherlant, regrettent de ne pas avoir participé à cet événement fondateur. Une génération arrive à l'âge d'homme dans les années qui suivent immédiatement la guerre, trop jeune pour y avoir pris part, et qui en éprouve un sentiment quasiment de frustration. A côté des aînés, qui reviennent du front auréolés de prestige, ceux-ci ne peuvent cacher une sorte de mauvaise conscience.

Quant à l'ouvrage de Céline, *Voyage au bout de la nuit*, il intervient plus tardivement, au début des années 30. Le grand public a été plus sensible à des évocations comme celle de Roland Dorgelès, *Les croix de bois*, qui ne dissimule rien des atrocités de la guerre ni des petites misères de la vie quotidienne, la boue, les poux... Mais ce qu'on en retient, c'est quand même une leçon de courage.

Je me rappelle avoir lu en 1938-39 les deux tomes des *Hommes de bonne volonté* de Jules Romains, *Prélude à Verdun* et *Verdun*, dans le climat de l'immédiat avant-guerre. Adolescent, virtuellement mobilisable, j'en avais retenu comme une invitation à ne pas être inférieur à la génération précédente. Impossible alors de lire cette sorte de texte de façon distanciée. Même si l'auteur des

Hommes de bonne volonté ne masque pas les dures réalités de la guerre, ne dissimule pas davantage les erreurs, notre génération le lisait en pensant qu'elle serait selon toute probabilité appelée à connaître la même épreuve. Serait-elle à la hauteur de ceux qui étaient entrés dans la fournaise ?

Et si tout recommençait ?

M. L. – Quand, justement, éprouve-t-on le sentiment que tout cela peut recommencer ?

R. R. – Dès 1934 on a commencé à s'inscrire dans la perspective d'une seconde guerre, dont on se représente d'ailleurs mal comment elle pourra se dérouler. On a tendance à l'imaginer comme une répétition de la première.

M. L. – Pourtant l'histoire se répète rarement…

R. R. – On s'attend à une guerre de position, avec tranchées et fortifications, ce qui rassure : la ligne Maginot n'est-elle pas là pour préserver le territoire d'une nouvelle invasion, assurant une barrière de sécurité quasiment infranchissable ? A la suite du traumatisme de la Grande Guerre, il faut à tout prix éviter que le conflit se déroule à nouveau sur notre sol : on se retranche derrière une cuirasse de béton. La guerre n'entraînera pas les mêmes pertes humaines. On sera à l'abri et la puissance des ouvrages fortifiés stoppera toute offensive ennemie. La confiance dans la ligne Maginot, dont la guerre fera hélas ! cruellement justice, rassure.

M. L. – Mais quand Hitler arrive au pouvoir le 30 janvier 1933, l'opinion continue de s'abriter derrière la ligne Maginot, sans grande inquiétude ? Toujours ?

R. R. – Avant de condamner trop rapidement cette opinion, il faut se représenter ce qu'est l'état des esprits. Quand Hitler devient chancelier, beaucoup pensent que l'expérience ne durera pas. La plupart n'ont pas perçu la nature du nazisme, sa dimension idéologique, sa profonde dangerosité. Pour la droite, Hitler n'est qu'un Guillaume II prolongé, un nouvel avatar de la Prusse de toujours, nation de proie, une expression du pangermanisme. À gauche, on voit dans le régime hitlérien la version allemande du fascisme tel que Mussolini l'a instauré en Italie. Hitler a été bel et bien adoubé par le vieux chancelier Hindenburg, son premier gouvernement ne comprend qu'une minorité de nazis ; des hommes politiques qui ne le sont pas le soutiennent, tel von Papen... Paradoxalement, ceux qui craignent le plus le leader nazi sont les nationalistes à l'ancienne, à la droite du champ politique, convaincus de tout temps qu'il n'y a rien de bon à attendre des Allemands, que tout espoir de reconstruire la paix sur la coopération et la réconciliation avec eux est vouée à l'échec. Ils raisonnent dans la perspective d'un conflit millénaire entre Gaulois et Germains...

M. L. – Cette cécité vous étonne, après coup ?

R. R. – Pas vraiment. Peu nombreux sont ceux qui ont d'emblée discerné la perversité et prévu la pérennité du régime. Je me souviens de mon sentiment personnel d'effroi et d'horreur devant ce qu'on a su de la Nuit des longs couteaux, le 30 juin 1934, lorsque Hitler liquide les SA. A ce moment, le régime est apparu avec toute sa violence. Je me rappelle aussi ma déception amère lors du plébiscite prévu par le traité de Versailles, où les Sarrois avaient à choisir entre trois solutions : devenir français, réintégrer l'Allemagne, rester une Sarre autonome. Le gouvernement français, gouvernement de droite, présidé par Pierre Laval, n'a rien fait pour convaincre les Sarrois de ne pas rejoindre l'Allemagne. Il avait sans doute ses raisons, mais je trouvais regrettable qu'il n'ait rien tenté. Signe qu'en janvier 1935, j'étais déjà conscient du danger que représentait le régime de Hitler.

L'éveil d'une conscience politique

M. L. – Comment se situe alors socialement et politiquement votre famille ?

R. R. – Je la définirais comme de petite bourgeoisie d'origine provinciale, plutôt à droite. A la maison, on lit *L'Écho de Paris*, expression fidèle d'une tendance qui n'est pas nationaliste mais traditionaliste, conservatrice, patriote… Y écrivent alors le général de Castelnau et François Mauriac, qui n'a pas encore rejoint les courants plus engagés de la démocratie chrétienne, comme il le fera durant la guerre d'Espagne. Ce n'est pas l'extrême droite, moins encore le fascisme. Il s'adresse à un public bien-pensant, touche un public catholique attaché aux valeurs morales, à la patrie. Il a soutenu Poincaré et Doumergue au lendemain du 6 février 1934.

M. L. – Peu à peu, dans le milieu des intellectuels catholiques, à l'instar du philosophe Jacques Maritain, certains vont s'émouvoir de l'accession de Hitler au pouvoir. Est-ce que déjà les persécutions antisémites, la privation des libertés, ne font pas peur à certains ?

R. R. – Je crois que dans un premier temps, si choquant que cela puisse paraître aux plus jeunes aujourd'hui, ces aspects n'ont pas beaucoup retenu l'attention, ni ému : ils apparaissent liés à la politique intérieure du Reich et on est davantage attentif à ses interventions de politique extérieure.

M. L. – Et il n'existe pas à l'époque d'ONG ou de devoir d'ingérence pour défendre les droits de l'homme…

R. R. – Ce qui a infléchi ma conscience politique et m'a éveillé à une autre lecture de l'histoire fut l'abonnement que ma mère m'a offert à *Sept*, l'hebdomadaire lancé par les Dominicains, en 1934. Cette publication se situait sur des positions plus avancées, en rupture avec l'intransigeantisme catholique dominant. Par ailleurs, je fais partie de la Jeunesse étudiante chrétienne : sans en avoir d'emblée une claire conscience, je m'inscris dans un courant qui, au sein du catholicisme, a nettement pris position contre le nationalisme. L'ACJF, dont la JEC est une branche, a tenu un congrès sur la conception chrétienne de la paix, qui se référait aux positions du pape Pie XI. L'opinion catholique est alors partagée entre ceux qui font confiance aux vieilles recettes traditionnelles, comme le général de Castelnau : « Si tu veux la paix, prépare la guerre », et ceux qui considèrent, après vingt siècles où les peuples se font la guerre, qu'il serait temps d'inventer un autre mode de relations internationales.

M. L. – A ce même général de Castelnau qui avait perdu plusieurs enfants durant la Grande Guerre, Emmanuel Mounier réplique alors avec dureté dans la revue *Esprit* : « Trois fils, général, n'est-ce pas assez ? »

R. R. – Oui, et au-delà des violentes polémiques, ce débat révèle les cas de conscience que commence à susciter la montée des périls. Nous, jeunes catholiques, sommes mis en garde contre l'idéologie nationale-socialiste. Ainsi c'est par *Sept* que j'ai appris l'existence en Allemagne de camps de concentration, destinés dans un premier temps plus aux opposants politiques qu'aux Juifs… Notre attention est attirée sur les tensions entre le catholicisme et le pouvoir de Hitler. Notre mouvance catholique a attaché une grande importance à l'encyclique de Pie XI de mars 1937 contre le racisme et l'antisémitisme « Mit brennender Sorge ». Un grand texte dont je constate avec regret qu'il est aujourd'hui souvent passé sous silence quand on évoque l'attitude de l'Église catholique à l'égard de la persécution des Juifs au risque de faire croire que l'Église ne s'est pas exprimée à ce sujet... On n'en a guère parlé dans la controverse suscitée par la sortie du film *Amen*.

Résolument antimunichois

M. L. – Comment définiriez-vous votre attitude politique à l'époque ?

R. R. – Par tradition, par patriotisme, l'Allemagne du Troisième Reich m'inquiète pour la sécurité française. Mais mon inquiétude se nourrit aussi de raisons qui ne sont pas seulement nationales, mais aussi philosophiques. En 1935, j'ai approuvé le vote de la loi des deux ans de service militaire, alors qu'une partie de la gauche qui reste attachée à son pacifisme traditionnel s'y oppose.

Alors que l'Allemagne réarme, cela me paraît le bon sens même d'allonger la durée du service militaire, tout en sachant que cette mesure me concernera personnellement. Je suis confirmé dans ma conviction quand Hitler remilitarise la rive gauche du Rhin. Il avait déjà violé les clauses du traité de Versailles qui interdisaient à l'Allemagne de rétablir la conscription, et ne lui laissaient qu'une armée de 100 000 hommes. Sincèrement, je ne pense pas reconstruire l'histoire en disant aujourd'hui que j'ai souhaité alors une réaction française au coup de force du Führer et que j'espérais que nous résisterions mieux. Ma réflexion d'historien est venue plus tard confirmer mon sentiment, en me convainquant que c'était bien le dernier moment où on pouvait encore donner un coup d'arrêt à la progression de Hitler. En mars 1938, lors de l'Anschluss avec l'Autriche, j'ai dès lors la certitude que nous aurons la guerre.

M. L. – Pour de bon, cette fois ?

R. R. – J'en viens à souhaiter qu'on la fasse tant j'ai honte des reculades successives de notre pays, en particulier de la manière dont notre gouvernement est alors démissionnaire... Je me sens assez proche des Autrichiens qui résistent au national-socialisme. Aujourd'hui, je serais plus réservé, quand je songe au caractère assez autoritaire de ce régime, à la façon dont il a réprimé dans le sang en 1934 une insurrection sociale-démocrate, mais à l'époque, le chancelier Dolfuss m'apparaissait comme une figure emblématique. Il a payé de sa vie son attitude, assassiné par les nazis. Proche du combat solitaire et douloureux de ce peuple du centre de l'Europe, je me sens un peu autrichien, solidaire dans la persécution...

M. L. – Une persécution qui ne touche pas que les catholiques...

R. R. – Et frappe les Juifs, obligeant les artistes comme Bruno Walter, les intellectuels comme Sigmund Freud à émigrer... Je suis honteux que nous restions passifs. En septembre 1938, je ne peux que m'indigner du sort fait à la Tchécoslovaquie.

M. L. – Résolument antimunichois ?

R. R. – Résolument. J'en garde un souvenir extrêmement précis : l'événement renforçait un sentiment de honte profonde. Une fois de plus, nous cédions à la pression du pouvoir nazi, aux dépens des démocraties et de la liberté des peuples. Sur le moment, les esprits sont partagés, entre ceux qui croient la paix sauvée et ceux qui ne se font plus d'illusions… Autour de moi on se réjouissait à la pensée d'une paix reconduite pour vingt ans. Je me souviens avoir dit le jour même : « Nous aurons la guerre l'an prochain. »

M. L. – Contrairement à votre tempérament, vous ne faites guère preuve d'optimisme dans cette occasion…

R. R. – Je ne croyais pas qu'on ait apaisé Hitler par les accords de Munich, mais qu'au contraire, on l'encourageait à persévérer. Je n'étais pas le seul dans cet état d'esprit : autour de moi en khâgne, beaucoup partageaient cette conviction que nous ferions la guerre. Dès lors, nous vivions comme en sursis…

M. L. – Une impression étrange ? Vous vous sentez appartenir à une génération sacrifiée ?

R. R. – Je n'emploierai pas une expression aussi forte, comme on a pu parler de génération perdue pour les écrivains américains marqués par la guerre de 1914-1918. Je dirais plutôt que nous nous posions les questions que tout jeune est en droit de se poser à ce moment de sa vie. Quel serait notre avenir ? Aurions-nous le temps de mener nos études à bien ? En juillet 1939, je suis admissible à l'École normale, je passe l'oral et je manque de peu d'être reçu, et je me dis que je ne serai jamais normalien puisque la guerre va éclater et que je serai mobilisé. Pour combien de temps ?

M. L. – Cette clairvoyance face à la terrible portée des accords de Munich ne fait pas l'unanimité dans l'opinion publique à l'époque…

R. R. – On a tendance aujourd'hui à penser que la France a été très majoritairement munichoise. Je n'en suis pas aussi sûr. Il ne faut pas juger de l'état de l'opinion d'après la position des appareils politiques, peut-être parce que les politiques étaient plus conscients des vrais rapports de force : il n'y avait sans doute pas moyen en 1938 d'agir autrement. La ratification des accords de Munich a été approuvée par une très grande majorité de députés. On ne trouve pour les rejeter que le groupe communiste, pour des raisons qui tiennent à ses liens étroits avec l'Union soviétique, tenue à l'écart des pourparlers, à droite Henri de Kerillis, avec un député socialiste de la Côte-d'Or, qui sera résistant et commissaire de la République.

M. L. – Revenant de Munich, Daladier est accueilli par la liesse populaire alors qu'il craint de se faire lyncher…

R. R. – Beaucoup acceptent le traité avec des sentiments mêlés : ils ne pensent pas qu'on ait pu faire autrement, ce qui ne signifie pas qu'ils approuvent ni moins encore qu'ils s'en réjouissent. Les sondages d'opinion, qui sont les premiers, montrent que les avis sont beaucoup plus contrastés qu'on ne pense : les antimunichois étaient plus nombreux dans l'opinion qu'au Parlement. Mais les illusions seront bientôt dissipées : le 15 mars 1939, moins de six mois après les accords de Munich, c'est le coup de Prague : Hitler contraint le gouvernement tchèque à capituler, dépèce la Tchécoslovaquie, impose son protectorat. C'est la preuve de sa mauvaise foi. On ne peut plus lui faire confiance. L'opinion est désormais majoritairement acquise à l'idée de la guerre, qu'elle accepte comme une nécessité douloureuse, mais inévitable. Il faut y insister, car on garde en mémoire de cette période le fameux éditorial de Marcel Déat « Faut-il mourir pour Dantzig ? », d'où l'on conclut, à tort, que la majorité des Français n'étaient pas disposés à mourir pour défendre la Pologne. Or c'est soixante-seize pour cent des

Français qui répondent lors d'un sondage « oui » à la question : « Pensez-vous, si l'Allemagne tente de s'emparer de la ville libre de Dantzig, que nous devions l'empêcher, au besoin par la force ? » La question est sans aucune équivoque. La réponse n'est pas moins nette, en connaissance de cause.

M. L. – A l'époque vous n'êtes pas encore un professionnel de l'histoire, et pourtant vous assistez comme observateur à l'histoire en train de se faire. Quels sont les auteurs, les courants de pensée qui marquent votre formation... ou votre vocation d'historien ?

R. R. – A la veille de la guerre, je n'ai pas encore choisi d'être historien, je me trouve à l'aise dans une culture pluridisciplinaire, celle de la khâgne. Une formation qui associe la familiarité avec les grands textes littéraires, la réflexion philosophique et une bonne connaissance de l'histoire. Je serais tenté de dire que la réflexion philosophique n'était pas étrangère à ma position. Le contact aussi avec les grands auteurs. Je me rappelle qu'en grec, nous expliquions au moment de l'Anschluss les discours de Démosthène, sa controverse avec Isocrate à propos de Philippe de Macédoine et que nous faisions spontanément la transposition avec la situation qu'il nous était donné de vivre. Avions-nous raison ? L'historien pourrait s'interroger sur la pertinence de ces rapprochements. Bien sûr, nous étions pour Démosthène contre Isocrate, le premier mettant en garde les Athéniens contre le danger qui menaçait leur cité, les libertés, les invitant à la résistance et à réaliser l'union des Grecs contre le péril macédonien. A travers Philippe, nous voyions se profiler l'ombre de Hitler et nous nous sentions athéniens. Nous n'étions pas enclins à prêter une oreille complaisante à un discours d'apaisement préconisant de céder à la force. En dépit de ses limites, cette transposition à vingt-cinq siècles d'intervalle a sûrement contribué à structurer mon opposition à toute proposition d'entente. Je garde la conviction qu'il y a des situations où il faut savoir dire non…

Je suis depuis toujours resté antimunichois : par principe je refuse de céder à la pression, d'obtempérer sous la contrainte, de m'incliner devant la menace ou la violence, que ce soit sous l'Occupation ou en 1968. Ce refus de transiger ne fait pas trop mauvais ménage avec mon parti pris en faveur de la négociation, ma conviction optimiste dans la possibilité de parvenir à un accord et la recherche obstinée de la conciliation.

III

On ne parlait pas encore de totalitarisme…

Après les ambiguïtés d'un entre-deux-guerres, hanté à la fois par le souvenir du premier conflit mondial et par la montée du fascisme et du nazisme, la Seconde Guerre mondiale plonge à nouveau la France et l'Europe dans le chaos. Mais les circonstances ont changé, l'adversaire n'est plus le même. A un régime autoritaire et national succède le pouvoir hitlérien. Comment le combattre encore lorsque le pays est anéanti en quelques semaines, quand le pouvoir officiel pactise avec l'ennemi ? Faut-il entrer en résistance ? Plus généralement, comment nommer intellectuellement le mal, lorsqu'il revêt des aspects inédits ?

C'est là encore dans l'expérience ténue, loin des images d'Épinal ou parfois aussi des concepts que nous connaissons aujourd'hui, d'une résistance nécessaire que va se jouer le combat d'une certaine mémoire française et de ses valeurs.

Plutôt la servitude que la mort ?

Marc Leboucher – Revenons à Munich, que nous venons tout juste d'évoquer... Peut-on parler à ce propos d'un invariant du courant pacifiste que l'on retrouverait à chaque époque de notre histoire ?

René Rémond – C'est un autre volet du panorama idéologique de l'opinion française dont on parle peu, mais dont l'origine est ancienne : bien avant la guerre de 1914, certains dénonçaient déjà tout conflit armé. L'épreuve de la Grande Guerre, ces quatre années de tuerie, le traumatisme qu'elle a causé à tous ceux qui y ont participé ou en ont souffert, ont beaucoup conforté un pacifisme inconditionnel qui fait de la paix un absolu, supérieur à tout autre et qui peut conduire à tout accepter plutôt que la guerre.

M. L. – Plutôt nazis que morts ! Ou pendant la guerre froide, quelques décennies plus tard, plutôt rouges que morts…

R. R. – Exactement. A l'époque, c'est plutôt la servitude que la guerre : cette idée est reçue, essentiellement à gauche. Elle trouve un milieu idéologique favorable dans une tradition syndicaliste. C'est la position du Syndicat national des instituteurs : en novembre 1938, au lendemain de Munich, son congrès non seulement approuve les accords, mais adopte des orientations qui avalisent par avance toutes concessions, voire toutes capitulations. Même si les instituteurs sont loin de la partager tous, il reste que c'est la position officielle de leur syndicat majoritaire.

M. L. – L'opinion cependant connaît un réel sursaut après Munich. La France ne bascule pas tout entière dans le pacifisme…

R. R. – Une proportion croissante de l'opinion va soutenir le gouvernement Daladier, qui s'engage dans la préparation à la guerre… Paul Reynaud joue un rôle important : en novembre 1938 il passe de la Justice aux Finances. Son cabinet comprend des personnalités comme Gaston Palewski, Alfred Sauvy, Michel Debré, dont plusieurs rejoindront la France libre ou la Résistance. Ils militent pour une politique de redressement qui vise à rattraper le retard pris pour relever le défi de Hitler.

Cette volonté se traduit dans une série de décrets-lois qui veulent remettre la France au travail, notamment affranchir les industries d'armement du carcan des quarante heures. Une partie de la gauche n'accepte pas ces mesures, le parti communiste en tête, bien qu'il soit alors le fer de lance de l'antimunichisme. La CGT programme une journée de grève générale, le 30 novembre 1938, contre les décrets-lois et engage une épreuve de force avec le gouvernement. L'enjeu est important : le succès ou l'échec de ces grèves sera le test de l'adhésion du pays à la politique de redressement et de fermeté que propose le gouvernement. Je me souviens avoir attendu avec inquiétude le résultat de cette épreuve et m'être réjoui de l'échec de la grève.

M. L. – Le mouvement syndical n'a pas suivi ?

R. R. – Le gouvernement a pris des mesures de réquisition pour assurer la liberté du travail et le fonctionnement des transports en commun dans la région parisienne. Les dépôts d'autobus ont été, dès la veille, gardés par les gardes mobiles pour permettre à ceux qui voulaient travailler de le faire... La grève a été un échec, moins en raison de ces dispositions que parce que la majorité des travailleurs syndiqués ne désapprouvait pas les décisions du gouvernement. Les trois quarts des sections syndicales ont disparu dans les semaines suivantes.

M. L. – Sur un plan plus idéologique, comment expliquer la tradition pacifiste ? Est-ce une forme de simple passivité, de retrait ?

R. R. – C'est d'abord une option philosophique : tout un courant de pensée, qu'illustrent un Tolstoï ou un Romain Rolland, exalte la paix comme un absolu. La vie est un bien infiniment précieux, il n'y a pas de cause suprême qui justifie qu'on la lui sacrifie. Il y a aussi des considérations religieuses : tout un courant évangélique refuse la guerre.

M. L. – L'Évangile ne peut être que favorable à la paix. « Heureux les artisans de paix », dit le Christ des Béatitudes, suivi par un François d'Assise…

R. R. – Mais Jésus chasse aussi les marchands du temple. Il n'y a pas d'encouragement à un pacifisme inconditionnel dans les Évangiles. A l'intérieur du christianisme, ce courant pacifiste me semble plus présent dans les Églises de la Réforme que dans le catholicisme romain. La tradition catholique n'a jamais fait de la vie un absolu : la valeur de l'existence dépend elle-même pour partie des valeurs auxquelles on l'ordonne et qui peuvent requérir son sacrifice.

Les chrétiens et la Résistance

M. L. – Vous ne diriez pas la même chose du protestantisme ? Pourtant la Réforme se définit d'abord comme une opposition au pouvoir du pape, comme un mouvement de révolte ! Et puis, le slogan des Camisards : « Résister ! »

R. R. – Oui et pourtant, pour des raisons que je ne saurais pas bien discerner, dans le protestantisme, en particulier dans sa version calviniste, il existe une tradition de non-violence, de refus catégorique du recours à la force, d'objection de conscience. C'est chez les réformés que se rencontrent les adeptes d'une non-violence systématique, qui pour rien au monde n'utiliseraient la force au nom de raisons morales. Ainsi les quakers aux États-

Unis, dont la générosité philanthropique va de pair avec cette forme de refus.

M. L. – Plus généralement, comment les chrétiens réagissent-ils durant l'Occupation face à la Résistance ?

R. R. – L'engagement dans une résistance armée a fait question. D'abord aux catholiques, parce qu'il était désobéissance au gouvernement établi, à l'autorité réputée légitime. Depuis saint Paul, toute une tradition scripturaire invite à obéir aux gouvernements qui tiennent leur pouvoir de Dieu. Si l'on admettait sans trop de mal l'idée d'une résistance spirituelle, il fallait franchir un pas supplémentaire, pour passer de cette résistance spirituelle à une résistance armée. C'était non seulement désobéir à un gouvernement que l'Église considérait comme légal, mais aussi aux évêques !

Pour les protestants, le problème n'était pas le même : ils n'avaient pas la même culture de déférence à l'égard du pouvoir. Ils avaient au contraire une tradition d'insoumission, de résistance à un pouvoir injuste. Ils n'ont donc pas de scrupules à pratiquer toutes les formes de solidarité avec les exclus, d'accueil des enfants juifs comme au Chambon-sur-Lignon. Mais sauter le pas pour rejoindre le maquis ? Un pasteur engagé dans ce type d'action se demandait s'il aurait le droit de mentir à la Gestapo, au nom d'une éthique de vérité absolue.

M. L. – Cette sorte d'évangélisme se retrouve déjà chez Érasme tenté par le concordisme, le refus de tout conflit...

R. R. – Oui, mais avec une nuance d'exaltation de la vie, tenue pour respectable et légitime en elle-même, et qui constitue aujourd'hui un postulat de nos sociétés contemporaines. Pour celles-ci, toute vie a une valeur infinie. Voyez le combat pour l'abolition de la peine de mort, les moyens considérables que nos sociétés mettent en œuvre pour arracher une victime tombée au fond d'un gouffre ou emportée par une avalanche, pour sauver une existence. Autrefois, on l'aurait abandonnée à son triste sort. C'est que nos sociétés attachent à toute vie aujourd'hui un grand prix ou plutôt qu'elles l'estiment sans prix.

M. L. – Mais cette défense de la vie est en soi très positive et devrait réjouir le chrétien que vous êtes ! Après tout, l'Église catholique défend la vie comme un absolu. On le voit dans son refus de l'avortement, toujours affirmé par le pape d'une manière radicale et indiscutable.

R. R. – C'est un autre débat. En 1940, le risque était que certains, au nom de ce pacifisme, soient tentés de collaborer avec l'ennemi. De fait, chez quelques-uns, la collaboration s'est nourrie de justifications dont certaines n'étaient pas méprisables. Dans le prolongement d'une philosophie socialiste et pacifiste qui réprouve les massacres, renforcée par le souvenir des horreurs de la guerre, certains sont allés au-delà du simple refus et ont accepté de collaborer avec l'ennemi.

Pour ma part, et je le dis fermement, adopter ce pacifisme inconditionnel, c'est laisser le champ libre au mal, devenir complice de tout ce qui se fera de préjudiciable à l'homme. On n'a pas le droit de rester passif ! Si l'Angleterre avait traité avec Hitler, si les États-Unis n'avaient pas fait la guerre, imaginons ce qu'aurait été une Europe dominée par le national-socialisme. Je crois qu'à certains moments de l'histoire, la guerre se justifie. D'ailleurs, puisque vous évoquez la tradition catholique, celle-ci fait une distinction entre les guerres justes et les guerres injustes. Il y a donc des situations où le recours à la guerre se justifie.

Guerre propre ou guerre juste ?

M. L. – Reconnaissez que la guerre n'est jamais jolie. Toujours injuste, vis-à-vis des civils, par exemple. Dans les récents conflits comme la guerre du Golfe, on a parlé pudiquement des « dommages collatéraux »...

R. R. – Il faut parfois la faire, sans se faire illusion... Récemment m'a frappé une phrase prononcée par Pierre Messmer : « Il y a des guerres justes, il n'y a pas de guerres propres. »

M. L. – C'est d'un cynisme terrible...

R. R. – Non, c'est la reconnaissance de la réalité. Il faut savoir que la guerre causera des dégâts et des pertes. C'est inévitable. Il faut essayer de les limiter au maximum, mais c'est une illusion que de croire qu'on peut la faire proprement. L'objectif de la guerre zéro mort est une chimère. Au reste les Américains ne l'appliquent qu'à leurs combattants.

M. L. – Alors vous, quand vous êtes mobilisé au début du conflit...

R. R. – En novembre 1939.

M. L. – Vous ne faites pas une guerre propre. Avez-vous le sentiment de participer à une juste guerre, comme disait Péguy ?

R. R. – Hélas ! en fait de guerre nous n'avons fait que la drôle de guerre dont l'idée stratégique s'apparentait à celle de la guerre zéro mort. Au sens strict du terme, je n'ai pas fait la guerre puisque je n'ai pas combattu. Sursitaire, je suis intégré comme mes camarades étudiants à l'École des élèves officiers de réserve, tout l'hiver et le début du printemps de 1939-1940. Nous recevons une formation intensive, dans des conditions matérielles rigoureuses, à Auxerre d'abord, puis au camp de la Courtine, où nous sommes transférés quelques jours avant le 10 mai 1940, enfin à Fontenay-le-Comte. Quand les Allemands franchissent la Loire, notre régiment prend position devant Fontenay-le-Comte pour les retarder, mais après quelques heures, nous sommes repliés sur Bordeaux pour faire partie du périmètre qui assure la protection du gouvernement pendant les pourparlers de l'Armistice.

M. L. – Et ensuite ?

R. R. – Nous faisons encore mouvement dans la nuit du 24 au 25 juin pour franchir à temps la nouvelle ligne de démarcation et nous nous retrouvons dans la zone libre sans que nous ayons eu à combattre…

M. L. – Ce qui doit susciter un sentiment étrange, quand même, de se retrouver mobilisés sans combattre…

R. R. – Nous y étions pourtant prêts, croyez-moi ! Hélas, notre résistance n'aurait pu être que symbolique, un baroud d'honneur, avec le peu d'armement et de munitions dont nous disposions. Nous ne pouvions même pas nous retrancher derrière un obstacle naturel, une rivière à traverser… Si les cadets de Saumur ont tenu un peu plus longtemps, c'est parce que les ponts sur la Loire étaient détruits.

C'est la mort dans l'âme que nous avons dû renoncer à nous battre. Je me rappelle notre émotion à apprendre, le 14 juin, l'entrée des Allemands dans Paris. Nous enragions de notre impuissance. L'allocution du maréchal Pétain, le lundi 17 juin, nous a atteints au plus profond de nous-mêmes, même si nous ne croyions plus guère à la possibilité de redresser la situation.

M. L. – Pourtant, élevés dans la mémoire de la Grande Guerre, vous deviez avoir du respect pour le vainqueur de Verdun !

R. R. – Rassemblés à la cantine, nous l'avons écouté abasourdis, la rage au cœur et le sentiment qu'on ne pouvait sans doute faire autrement. Avec aussi l'espoir que la guerre n'était pas finie.

M. L. – D'emblée ?

R. R. – Nous ne savions pas, bien sûr, ni comment ni où elle reprendrait. Nous étions sous le choc. Il n'y a pas plus grande épreuve qu'une défaite. Mais à mes yeux, la guerre n'était pas finie parce que tout n'était pas dit et qu'il n'y a pas de situation définitive. Sans parler encore de Résistance, un simple refus de prendre son parti de la défaite, plus encore d'admettre que nous ayons eu tort d'entrer en guerre.

M. L. – Vous vous sentiez coupables, abattus ?

R. R. – Coupables ? Assurément non. De quoi l'aurions-nous été ? Avoir perdu la guerre ne nous condamnait pas pour l'avoir déclarée. Nous regrettions surtout ne pas l'avoir gagnée ! Et nous en voulions aux gouvernements qui s'étaient succédé de ne pas avoir mis en œuvre tous les moyens nécessaires pour résister victorieusement au nazisme.

La racine d'un engagement

M. L. – Avez-vous le sentiment d'une « étrange défaite », comme l'écrit l'historien Marc Bloch, dans un livre qui a fait date ?

R. R. – Je ne l'ai pas perçu de façon aussi nette. Nous vivions dans un milieu clos, isolé, sans vraie conscience de l'ampleur de la débâcle. Nous avions été témoins de l'exode, le spectacle était impressionnant : à la porte de la caserne, les interminables files de réfugiés, belges d'abord, puis en provenance des Ardennes, des départements du Nord, les voitures avec matelas sur le toit, les chars à bancs... N'ayant pas vu de troupes refluer en désordre, nous n'avons pas mesuré la gravité de la désintégration de certaines unités.

Notre milieu était relativement homogène : je ne me souviens pas que personne ait alors contesté la légitimité de la guerre. Notre chef de section était un historien, avec lequel je me suis lié d'amitié. Pas fait assurément pour l'encadrement militaire, intellectuel un peu perdu parmi les officiers de carrière, l'école du commandement n'était pas son fort. Spécialiste du Moyen Age, il travaillait sur l'ordre cistercien. Élevé dans une tradition de gauche, fils d'un dessinateur lié au Groupe de l'Abbaye avec Georges Duhamel, converti au catholicisme, marié à la fille du grand historien Ferdinand Lot, il est passé en 1942 en Espagne pour rejoindre l'Afrique du Nord et s'engager dans le corps expéditionnaire en Italie. Il a été tué au Garigliano ou à Monte Cassino. Il illustre un itinéraire d'intellectuel de gauche et son catholicisme a incontestablement joué un rôle dans son engagement. Il a payé de sa vie sa fidélité à ses convictions.

M. L. – Peu à peu, vous allez vous rapprocher des réseaux de résistance. Passer d'une armée légale à une expérience plus clandestine. Comment vivez-vous votre engagement ? Et peut-être plus généralement quelle idée vous faites-vous de la Résistance à l'époque ?

R. R. – Pas tout de suite : je suis d'abord maintenu sous les drapeaux seize mois. Quelle est la racine de cet engagement ? Résister s'inscrivait pour moi naturellement dans le prolongement de la participation à la guerre. C'était à la fois le refus d'une domination étrangère et de l'occupation du territoire national par l'ennemi, et aussi le combat contre une idéologie pernicieuse ! Il me semble n'avoir jamais dissocié les deux aspects. A travers le refus de la défaite s'exprimait d'abord une réaction, qu'on peut dire patriotique, même si le terme a un peu vieilli, une opposition élémentaire et instinctive : si on a un peu d'honneur, on n'accepte pas que l'ennemi vous impose sa loi, on est solidaire de son peuple. Pour moi comme pour d'autres, la résistance revêtait une autre signification, d'ordre philosophique ou éthique. De quelque nom qu'on la baptise, cette guerre était à cet égard très différente des guerres antérieures, qui étaient affrontement entre des peuples.

M. L. – Il y avait donc des sentiments mêlés en vous ?

R. R. – Pas mêlés, mais conjugués. Nous n'avions pas seulement affaire à un ennemi présumé héréditaire, mais à un régime s'inspirant d'une idéologie pernicieuse et ambitieuse, aspirant à fonder un ordre politique sous l'hégémonie d'un peuple et d'une race. A la racine de mon engagement, il y avait le refus d'accepter le résultat de la violence, ou plus exactement, l'idée de répondre par la force à la violence. Cela rejoint ce que nous disions de la non-violence : je n'étais pas et je ne suis pas pacifiste...

M. L. – Comment s'est effectuée cette prise de conscience ? Vous auriez pu être de fait pacifiste ou pétainiste, comme beaucoup d'autres.

R. R. – J'y vois le prolongement naturel d'une éducation chrétienne, voire d'une imprégnation spirituelle. En particulier, l'appartenance à la Jeunesse étudiante chrétienne, la lecture de *Sept* m'avaient inspiré de l'aversion pour cette idéologie. Pour nous, le nazisme c'était le mal. Pas question de transiger avec lui, même si l'on était bien obligé de subir temporairement sa domination. Il fallait vaille que vaille poursuivre le combat après la démobilisation. Mais rien n'était moins facile que de traduire ce refus de principe en action. Dans les premiers temps on ne voyait pas comment agir : la situation était tellement insolite ! Sans précédents auxquels se référer : la guerre de Cent Ans et l'exemple de Jeanne d'Arc n'étaient guère transposables, sauf pour ceux qui voyaient dans la présence du maréchal Pétain un signe évident de la protection divine et qui pensaient que Dieu, après nous avoir envoyé une toute jeune fille, nous tenait en réserve un grand vieillard ! A l'époque, la propagande et toute une littérature apologétique tenaient ce discours d'une puérilité à pleurer…

Nous cherchions en vain des exemples de résistance dans l'histoire, au besoin à l'étranger. Au début de juillet 1940, nous étions à Clermont-Ferrand, notre colonel nous fit des conférences sur le redressement de la Prusse, après la défaite d'Iéna. La leçon était explicite : l'histoire exemplaire d'un pays vaincu, qui s'était retrouvé, quelques années plus tard, dans le camp des vainqueurs. C'était une raison d'espérer.

Mais à ce moment, la question de la résistance ne se posait guère pour moi, puisque j'étais maintenu dans l'armée dite d'armistice, symbole dérisoire d'une apparence de souveraineté sur la zone libre. Notre problème était autre : que faire si les Allemands franchissaient la ligne de démarcation et envahissaient la zone libre ? Nous espérions recevoir l'ordre de nous battre et nous nous y préparions.

Que faire ?

M. L. – Vous êtes démobilisé…

R. R. – Au début d'octobre 1941, je reprends après deux ans mes études interrompues, pour préparer une dernière fois le concours d'entrée à l'École normale supérieure. J'habite chez mes parents à Paris. Pas question alors de s'engager dans la Résistance. C'est un peu plus tard, une fois reçu à l'École, que je me suis posé la question, parallèlement à mes responsabilités au Secrétariat général de la JEC. A la JEC, on veille à ne pas confondre les plans, religieux et politique : il peut y avoir des engagements individuels, mais il ne saurait être question d'engager le mouvement ! C'est à l'École, avec quelques camarades, que nous cherchons à tâtons à faire quelque chose. Pour ceux qui sont astreints au Service du travail obligatoire, la question est plus pressante : partir en Allemagne ou plonger dans la clandestinité ? Pour les autres le devoir n'est pas aussi évident.

M. L. – Pourtant la cause semble claire, le mal est là, les nazis occupent le pays. Pourquoi ne pas se lancer directement dans l'action ? Comme le font certains étudiants, par exemple ?

R. R. – Ce qui est difficile à comprendre pour qui ne l'a pas vécu, c'est la dépendance des circonstances : des possibilités s'offrent ou se dérobent. On cherche des contacts qu'on ne trouve pas. Il n'est pas si facile d'entrer en rapport avec des résistants. Il faut connaître quelqu'un en qui on ait confiance, et que celui-ci ait suffisamment confiance en vous pour vous proposer d'agir. La chose est plus facile dans une communauté fermée, où l'on se connaît assez bien. C'était le cas rue d'Ulm.

M. L. – L'institution vous fournissait une couverture...

R. R. – Nous bénéficiions surtout d'un milieu favorable. Nous étions cinq dans notre « turne », un premier a plongé dans la clandestinité, c'est par lui que nous avons pu ensuite, à l'automne 1943, nous relier à un réseau de renseignements. Un autre est parti à la Pentecôte 1943, passé par l'Espagne et a rejoint l'Afrique du Nord : nous le verrons revenir à la Libération avec la première armée française, en officier de spahis. Un autre et moi-même, par le truchement du premier, nous nous sommes engagés dans un réseau de renseignements, soit quatre sur cinq...

M. L. – Que faites-vous exactement ?

R. R. – Des tâches obscures ! Dans un premier temps, nous tenions à jour des listes de personnes engagées, un travail administratif d'état-major subalterne. Ensuite, du renseignement au sens propre : recueillir des informations, les transmettre, et participer indirectement au combat. Ainsi un camarade qui habitait aux Mureaux avait repéré assez tôt les emplacements pour les rampes de lancement de V1 dans le Vexin. Il les reconnaissait, dessinait des cartes qu'il me transmettait ; j'allais à sa rencontre en forêt de Saint-Germain, à la Croix-de-Noailles. Tout cela à bicyclette.

M. L. – Voilà une belle image de la Résistance ! Presque *La bicyclette bleue !...*

R. R. – Oh, elle n'était guère romantique, croyez-le ! Nous avions deux craintes : d'être arrêté par un barrage et trouvé porteur de documents compromettants, et de crever un pneu tout bêtement. A l'époque, il fallait constamment remplacer les rustines. Rien de très héroïque. Nous avons aussi transmis des plans d'aéroports de la région parisienne et reçu des félicitations de Londres. Mais j'insiste sur l'obscurité imposée par le cloisonnement, la discrétion de l'action en réseau. On ne sait pas pour qui on travaille. On connaît ceux dont on recueille les renseignements et celui à qui on les transmet. Et c'est tout ! On n'en sait pas plus. Nous avons pris une part modeste à la Résistance, mais suffisante pour courir des risques : un de mes camarades a été arrêté en juillet 1944 à un rendez-vous au sortir du métro, incarcéré à la Santé et libéré *in extremis* ! Nous avons joué un rôle plus important en fournissant les 24 et 25 août 1944 à l'état-major de la 2e DB quantité d'informations sur les positions tenues par la Wehrmacht, les emplacements de mitraillerie, les casemates...

Le totalitarisme, un concept à définir

M. L. – Revenons à l'interprétation de l'histoire, si vous le voulez bien. Avec le recul, grâce aussi aux penseurs comme Hannah Arendt, ou Raymond Aron, à cause de la découverte plus tardive du stalinisme ou de l'ampleur de la Shoah, on a le sentiment que le concept de totalitarisme a été pensé bien tardivement. Est-ce que, sur le coup, on en voit autant l'application, ou est-ce que finalement c'est le travail des historiens, des penseurs de philosophie politique, les témoignages des rescapés des camps, qui vont accélérer une prise de conscience ?

R. R. – La réception du concept de totalitarisme a été plus tardive. Il a été forgé pour englober des régimes différents et suggérer une parenté entre eux. Il est aujourd'hui l'objet d'un débat, certains considérant qu'il est illégitime de faire le moindre rapprochement entre national-socialisme et communisme : le premier est intrinsèquement pervers alors que le communisme est au départ une idée généreuse qui s'est dévoyée. La comparaison ne serait donc ni politiquement correcte ni intellectuellement acceptable. On met l'accent sur la différence irréductible des idéologies, et on récuse toute ressemblance, toute analogie, si ce n'est dans les comportements. Ce concept de totalitarisme nous vient des États-Unis, où il a été développé après 1945 par Hannah Arendt. Le mot lui-même n'a pas été d'un usage courant en France avant la guerre, encore qu'on le trouve déjà chez Maritain en 1936. Il a été employé par Mussolini pour caractériser l'ambition du fascisme de régir toutes les activités et signifier que c'est une idéologie qui englobe tout l'homme. Il est synonyme d'intégralisme.

M. L. – On peut presque dire que l'Église aussi, à l'époque, est totalitaire à sa manière.

R. R. – En un sens, oui, l'Église est à tout le moins intégraliste. Le mot d'ordre de notre génération, celui de l'Action catholique « Tout l'Évangile dans toute la vie », exprimait une aspiration à l'unité de la personne et le refus du dédoublement entre vie privée et comportement social. L'Église trouvait légitime d'imposer sa vision à la société jusque dans la législation et les codes qui régissent les conduites collectives.

M. L. – Ce mot de totalitarisme est aujourd'hui le symbole du mal absolu. Même les leaders d'extrême droite n'osent plus l'employer !

R. R. – Il s'est effectivement chargé d'une connotation essentiellement négative, parce que nous connaissons désormais ses conséquences et ses applications. Est-ce que, avant la guerre, même si le mot n'était pas d'un usage courant, on n'avait pas déjà l'idée confuse d'une certaine parenté entre les régimes et les idéologies ? Pour ma génération de jeunes chrétiens, il était assez naturel de rapprocher les régimes nazi et communiste. La concomitance en mars 1937 des deux encycliques de Pie XI, l'une condamnant le national-socialisme et l'autre le communisme, invitait au rapprochement des deux formes de pouvoir : pour que l'Église les renvoie ainsi dos à dos, il y avait bien quelque parenté entre eux. Les journalistes de *Sept* ou de *Temps présent* faisaient couramment le parallèle et dénonçaient une même tendance totalitaire, au sens négatif du terme, à supprimer la liberté de la conscience, le pluralisme politique et la liberté religieuse.

Que savait-on des camps ?

M. L. – Mais que savait-on exactement alors de la « solution finale » des camps, qui incarnaient cette volonté totalitaire ?

R. R. – Si l'on ne connaissait pas l'ampleur de la « solution finale » et pour cause, on en savait tout de même plus qu'on ne croit aujourd'hui. Ainsi, on n'ignorait pas l'existence de camps de concentration en Allemagne, mais on n'imaginait pas ce qu'ils étaient réellement et moins encore qu'ils puissent devenir des camps d'extermination. Les premiers camps avaient été ouverts pour les Allemands dès 1933, comme celui de Dachau, près de Munich. On savait que des opposants allemands y étaient détenus, comme ce prix Nobel de la paix interné à Oranienburg. De même, si on ne connaissait pas la réalité du Goulag, on savait qu'il y avait des camps de travail en URSS, des camps de rééducation. Quand j'ai préfacé récemment la réédition d'*Humanisme intégral* de Jacques Maritain, le philosophe chrétien qui s'est élevé avec force contre l'antisémitisme, j'ai eu la surprise de voir qu'il en parle dès mars 1936. Il cite des chiffres, parle de plusieurs millions de gens privés de liberté, astreints au travail. Manifestement, le philosophe était bien informé du fonctionnement du régime soviétique, et en particulier de faits dont on croit n'avoir découvert l'existence qu'avec Soljenitsyne, quarante ans plus tard. Je ne saurais dire si, à l'époque, la chose a retenu mon attention... Mais j'ai été frappé de voir que, pour qui était de bonne foi, qui se tenait au courant, il était parfaitement possible, avant guerre, de savoir qu'en Allemagne et en Union soviétique existaient des camps de concentration, expression des régimes totalitaires.

M. L. – La « découverte » du totalitarisme par les intellectuels, au début des années 70, est donc surtout une « redécouverte ». Certains avaient déjà pressenti ce type de réalité à l'instar de Boris Souvarine ou David Rousset...

R. R. – Il a fallu retrouver le concept, le redéfinir mais ce n'était pas absolument une découverte. Dès les années 30, on sait beaucoup de choses : on n'ignore pas la déportation d'intellectuels en Italie, aux îles Lipari, qu'évoque le roman *Le Christ s'est arrêté à Eboli*... Mais tous n'attachent pas la même importance à ces faits ; beaucoup n'y arrêtent pas leur esprit ; d'autres au contraire y voient une raison déterminante de combattre ces régimes.

M. L. – Mais à la Libération, en 1944-1945, est-ce que l'euphorie de la victoire ne masque pas le choc de la découverte des camps de concentration ?

R. R. – Non, au contraire, le choc a été d'une brutalité extrême ! Mais, contrairement à la représentation qui domine aujourd'hui, ce n'est pas l'extermination des Juifs qui est d'abord perçue. Même s'il est tragique et terrifiant, le fait de la Shoah n'apparaît pas central à cette époque, ni n'est perçu dans toute son ampleur. Essentielle dans l'esprit et la politique des dirigeants nationaux-socialistes, la persécution antisémite est perçue alors comme un aspect, entre autres, d'un phénomène plus général. On n'a pas pris la mesure du massacre des Juifs : la prise de conscience interviendra plus tard, dans les années 60. Ce retard s'explique en partie par des raisons de circonstances. Les premiers camps libérés ne sont pas des camps d'extermination : ainsi, Buchenwald, où les Américains arrivent quelques jours avant la fin de la guerre, fin avril 1945.

Aussitôt, c'est le choc des photos : les châlits, les corps décharnés, les empilements de morts… C'est pour la sensibilité collective, pour l'opinion française, un traumatisme considérable. Puis le retour des premiers déportés, dont je garde un souvenir personnel très fort. Dans l'été 1944 en effet, la Gestapo, sur la trace d'un normalien engagé dans la Résistance, avait fait une descente à l'École normale. En l'absence du directeur Carcopino, elle avait arrêté le directeur adjoint Georges Bruhat et le secrétaire général Jean Baillou, qui furent déportés tous les deux. Bruhat est mort en déportation, Baillou est revenu de Buchenwald, dans les tout derniers jours d'avril ou les premiers de mai, alors que les combats continuaient encore. Jusque-là, on ne se représentait pas bien ce qu'était la réalité de ces camps : on représentait la déportation comme une captivité un peu plus rigoureuse, à l'instar de ce qu'était le régime de forteresse pour les prisonniers de guerre qui tentaient de s'évader, par exemple dans la citadelle de Colditz, où fut emprisonné entre autres le Père Congar.

M. L. – Vous disiez pourtant être assez informé…

R. R. – Pas au point d'imaginer les interminables appels sur la grande place des camps, les gens qui s'effondrent, et meurent sur place, les chiens policiers… Nous comptions des camarades dont nous nous demandions avec angoisse : « Sont-ils encore vivants ? » Sans nouvelles d'eux, nous attendions avec impatience que la fin de la guerre libère les camps. J'ai appris la mort de plusieurs amis à Matthausen, dans les tout derniers jours, de l'épidémie de typhus : l'un avait été un compagnon d'armes dans l'armée d'Armistice, très proche et très cher, et un autre, un de mes jeunes camarades de l'École, qui avait été déporté.

Le retour des déportés

M. L. – Accepte-t-on cependant d'écouter, d'entendre le témoignage des déportés ?

R. R. – Bien sûr et même avec avidité ; je me souviens du retour de Jean Baillou, à l'École normale. Toute l'École afflue dans son bureau pour le voir, l'entendre raconter ce qu'il a vécu. La stupeur s'empare de nous ; on ne peut pas concevoir que ces choses-là soient possibles. Le choc fut à la libération de Dachau et Buchenwald. Les autres camps, on les découvrira progressivement, comme ceux destinés aux femmes.

M. L. – Peut-on dire que la dimension de persécution antisémite est au fond un peu occultée ? Il faudra bien des années pour en découvrir l'ampleur...

R. R. – Je dirais plutôt qu'elle n'est pas distinguée du phénomène global de la déportation. Les déportés sont rapatriés par avions : le spectacle de ces hommes arrivant au cœur de Paris à l'hôtel Lutétia, décharnés, dans leur costume rayé est fort. Mais on ne parle pas des Juifs, on n'a d'yeux que pour les politiques, les résistants. Parmi eux, il y a des Juifs qui ont combattu dans la Résistance et dont aucun ne songe à se considérer comme déporté racial.

M. L. – Pourtant, quand même, toutes ces persécutions antijuives, pendant la guerre, pendant l'Occupation ! On ne fait pas le lien entre celles-ci et le fait massif de la déportation, clé du système totalitaire ?

R. R. – Personne alors ne souhaite dissocier les différentes catégories de déportés. Je suis tenté de dire que le Français à l'époque ne perçoit pas nettement la différence entre le résistant, déporté à raison de son activité, et le Juif qui a été raflé... Ce sont l'un et l'autre des victimes de la barbarie nazie, à l'instar des morts d'Oradour-sur-Glane ou des autres villages incendiés dans leur retraite par les Allemands.

M. L. – Comment arrive l'information, à l'époque, sur la réalité des camps ?

R. R. – Progressivement, au rythme de la libération des camps... Dans les frontières de l'Allemagne de 1937, il n'y a que des camps de déportation : les camps d'extermination sont plus à l'est dans l'ancienne Pologne. Ces derniers ont été libérés par les Russes et on n'en a à peu près rien su. Les communications entre l'Ouest et l'Est restant limitées, on ne sait pas grand-chose de ce qui se passe à l'Est. Le nom d'Auschwitz, devenu aujourd'hui le symbole de la déportation, ne dit presque rien à l'époque. Il faudrait déterminer à quel moment il apparaît dans la nomenclature des camps, et à plus forte raison les noms de Treblinka, Sobibór, autres lieux emblématiques du système concentrationnaire. En 1945, ce sont Dachau et Buchenwald qui sont symboliques.

M. L. – Comment distinguer ces camps de ceux consacrés à l'extermination ?

R. R. – Le régime y est très dur, mais on peut en revenir comme Edmond Michelet, Jacques Sommet, David Rousset, d'autres encore, qui racontent leur expérience dans des ouvrages qui font date. A travers cette littérature du témoignage, on commence à démontrer la logique diabolique du système : ce n'est pas une perversion du régime, c'est sa nature même, la mise en chantier de son projet, de son idéologie. L'équation s'établit entre totalitarisme et déportation. C'est plus tard, dans les années 60, que la dimension raciale et le projet d'extermination systématique des Juifs, et subsidiairement des Tziganes, seront pris en compte pour eux-mêmes et distingués du phénomène global. Notre perception de la déportation en sera sensiblement modifiée. Pour un peu, aujourd'hui, on perdrait de vue que des déportés autres que les déportés raciaux ont été victimes de la barbarie nazie. Pour la France, ils se partagent à peu près par moitié, avec 76 000 déportés raciaux. La majorité des Juifs de France ont échappé à la déportation, protégés par la population.

M. L. – Vous parlez du choc, du traumatisme... Comment l'analysez-vous à l'époque ?

R. R. – Ce fut d'abord un sentiment d'horreur absolue : comment un grand peuple civilisé comme l'Allemagne avait-il pu verser dans un tel comportement, adhérer à une idéologie aussi meurtrière ? Les mots, et *a priori* les instruments d'analyse, faisaient défaut.

L'homme, le mal et le pardon

M. L. – Une remise en cause de l'homme, d'une certaine manière ?

R. R. – Oui, sûrement. L'homme était donc capable de traiter l'homme ainsi ! On le savait capable de faire le mal, mais pas à ce point de déshumanisation, de barbarie, d'horreur gratuite... Car si, dans le passé, certaines atrocités paraissaient obéir à une certaine logique – torturer pour arracher un renseignement, se venger en passant des combattants au fil de l'épée –, dans le cas de la déportation, la volonté de faire souffrir, de déshumaniser systématiquement ne répond à aucune rationalité. C'est faire le mal pour le mal, ce qui pose un vrai problème métaphysique. On avait le sentiment de voir reculer les limites du mal. Fallait-il aussi parler du péché de tout un peuple ?

M. L. – C'est la question posée par le philosophe Jaspers dans *La culpabilité allemande…*

R. R. – Devait-on imputer la faute au peuple allemand, la rejeter sur le seul régime nazi, ou incriminer la nature humaine en général ? Problème métaphysique et problème théologique sont liés : la découverte du fait concentrationnaire confortait l'objection que la pensée rationnelle tire de l'existence du mal contre l'existence de Dieu, et lui conférait une actualité brûlante… C'est la question du silence de Dieu que pose un Elie Wiesel. Comment expliquer que Dieu se taise, laisse faire de telles extrémités ? Qu'il ait créé l'homme pour accomplir de telles horreurs suscite le doute ou l'angoisse.

M. L. – Ce qui atteint votre optimisme vis-à-vis de l'homme, sinon votre foi ?

R. R. – Pour en revenir à des considérations plus politiques, il est, à la réflexion, assez étonnant qu'on ait aussi vite écarté l'idée de la responsabilité collective du peuple allemand. Un certain optimisme, pour reprendre votre expression, a pris le dessus, la confiance dans l'avenir a été plus forte. En d'autres temps, on aurait estimé que ce peuple portait la responsabilité entière et qu'il devait en subir les conséquences, expier sa faute. C'est ce qui s'est passé en 1918. Or, au lendemain de 1945, les vainqueurs se sont refusés à humilier le peuple vaincu. On a accepté la distinction entre un régime criminel et le peuple allemand, bien que le régime de Hitler se soit instauré légalement. Le procès de Nuremberg a sans doute corroboré cette distinction, en identifiant les coupables et en déclarant criminelles certaines organisations.

M. L. – Mais la faute, le crime était sans commune mesure avec celui de la guerre précédente !

R. R. – Aussi les Alliés ont-ils mené une vaste opération de dénazification avec le souci de ne pas condamner tout un peuple. Les peuples qui avaient souffert ont, eux aussi, admis cette distinction et n'ont pas cherché à se venger. La justice oui, mais pas la vengeance...

Il faut cependant apporter à cette observation quelques nuances en fonction des contextes nationaux. Les peuples n'ont pas tous fait le même effort pour pardonner. Curieusement, ce sont ceux qui ont le plus souffert, qui ont le plus rapidement ou le plus facilement accordé leur pardon. La France plus vite que l'Angleterre, où l'antigermanisme demeure aujourd'hui plus vivace que chez nous : voyez les déclarations de Margaret Thatcher. Or, même si l'Angleterre a mené de durs combats et subi de terribles bombardements, elle a moins souffert que nous, n'ayant pas été occupée : elle n'a connu ni déportation ni atrocités comme les exécutions d'otages, les massacres de civils. Les Hollandais aussi ont gardé un ressentiment plus tenace : ils vivaient pour la première fois l'occupation de leur territoire. Les deux peuples qui ont engagé les premiers une démarche de réconciliation sont la France et la Pologne, deux des pays qui avaient assurément le plus souffert par l'Allemagne.

M. L. – Comment expliquer ce refus de la vengeance ? Nous sommes loin de la loi du talion, d'une justice de réparation un peu primaire...

R. R. – Par une vraie clairvoyance des responsables politiques. Et aussi, dans le cas de la France, d'un certain nombre d'intellectuels qui ont pris leur responsabilité. Ainsi Joseph Rovan qui invite à tendre la main aux Allemands, pour travailler ensemble. C'est l'intuition aussi d'un Alfred Grosser et du Comité d'échanges avec l'Allemagne nouvelle. Des religieux, des jésuites entre autres, ont joué aussi un rôle dans le rapprochement. Dans la zone d'occupation française, les autorités militaires ont pris des initiatives intelligentes pour aider la population à reconstruire une démocratie. Tout ce processus aboutit, cinq ans seulement après la fin des hostilités, à cette initiative dont j'ai déjà souligné le caractère stupéfiant, la proposition à l'ennemi d'hier de renoncer à la souveraineté sur l'énergie charbonnière et la production d'acier et de gérer ces ressources en commun. J'ai, à partir de 1949, pris une petite part au rapprochement des deux peuples. J'ai noué avec des dirigeants de mouvements de jeunesse des amitiés personnelles dont le souvenir me reste cher. J'ai ensuite entretenu de nombreux rapports intellectuels avec des collègues universitaires et les recteurs d'universités allemandes. Je suis très attaché à la préservation de liens spéciaux avec l'Allemagne et au développement de relations fraternelles entre nos deux peuples. Je les crois bénéfiques pour toute l'Europe et je me désole de voir que nos dirigeants laissent dépérir cet héritage faute d'imaginer de relance.

Ainsi les débats de l'après-guerre ont été marqués par des sentiments contradictoires : d'une part, on découvre une capacité inouïe de faire le mal qui recule les limites de l'horreur ; de l'autre, des initiatives politiques révèlent la capacité de tourner la page, de tirer des leçons de l'expérience et de faire du neuf avec intelligence et générosité. Somme toute, le totalitarisme n'a pas eu le dernier mot, infligeant un démenti à la phrase terrible de Staline : « Il n'y a que la mort qui gagne. »

IV

Des lendemains qui chantent ?

Si l'on a pu parler des « années folles » après la Grande Guerre, celles qui suivent 1945 font plutôt figure d'années laborieuses et austères, introduisant ces « Trente Glorieuses » dont parlera plus tard l'économiste Jean Fourastié. Au-delà d'une certaine euphorie de la victoire et de la Libération, elles traduisent à la fois la nécessité de reconstrui.e, de dépasser le traumatisme, et en même temps d'innover, de régénérer. A leur manière, les mouvements de résistance, des démocrates-chrétiens du MRP aux socialistes, des communistes aux militants de droite, témoignent d'une volonté de faire du neuf, de rénover la société française. Ainsi le programme du MRP est-il au départ véritablement révolutionnaire ! Par ailleurs, la jeunesse aspire aussi à de profonds changements. Et dès avant mai 1968, les mouvements de jeunesse catholiques seront traversés par de fortes convulsions…

Un miracle démographique

Marc Leboucher – On pourrait presque parler, pour paraphraser la langue de bois, de « lendemains qui chantent » ou d'« avenir radieux » à propos de la période d'après-guerre. Cette capacité de se relever, de reconstruire doit beaucoup vous réjouir et vous réconforter, vous qui avez assisté de près à l'épreuve de la guerre ?

René Rémond – Oui, je dirais même qu'elle m'étonne encore cinquante ans plus tard ! On déplore souvent aujourd'hui la médiocrité des comportements humains dans la vie quotidienne et les contingences ordinaires. Mais la France a vécu au XXe siècle de vraies tragédies, le terme n'est pas excessif, elle a surmonté de grandes épreuves ! C'est une différence radicale avec la société contemporaine. Depuis des années, rien de comparable à ces drames ne s'est produit. Pour ses conséquences sur la vie quotidienne, la Seconde Guerre mondiale ne prend fin que vers 1950. Et encore ! Beaucoup de sinistrés devront attendre pour être relogés, patienter avant d'accéder à un confort minimal... Certains ont vécu dix ans dans des baraquements, dans les villes de France bombardées. La population des villes a subi des conditions de vie difficiles, pour le ravitaillement, le chauffage. Les contraintes liées à la pénurie, à la rareté des biens se prolongent longtemps, le rationnement n'a pris fin qu'au printemps 1949. Les Français ont ainsi de 1939 à 1949 vécu dix ans un régime de frugalité et d'austérité forcées, certains produits ayant été, dès la déclaration de guerre, rationnés, l'essence d'abord, puis les denrées alimentaires...

Viendront ensuite les guerres coloniales, autre épreuve pour le pays. Si la guerre d'Indochine n'a pas beaucoup occupé les esprits, la guerre d'Algérie va devenir un drame national. Sans forcer le trait, on peut dire qu'entre 1914 et 1962 la France a vécu vingt-cinq ans en guerre. Ce qui m'inspire, je le redis, à la fois de la compassion et une certaine admiration pour ces générations de Français qui ont enduré de rudes épreuves, supporté les guerres successives avec courage...

Peu après la Libération

M. L. – Beaucoup de Français, choqués par l'effondrement de la France, se sont juré alors de faire en sorte que rien de tel ne puisse jamais se reproduire, tant au plan politique qu'au plan social…

R. R. – Oui, en se reconnaissant toutefois une part de responsabilité, comme si le pays s'était endormi, avant 1939, se reposant sur les effets de la victoire de 1918. Sans partager forcément l'objectif du général de Gaulle qui entend « ramener la France à son rang », ni parler le langage de la grandeur, beaucoup ont exprimé la volonté de laver l'humiliation, d'effacer la honte.

M. L. – Comme après une défaite sportive ?

R. R. – J'accepte la comparaison : elle est tout à fait pertinente. Vous savez quelle place le sport occupe aujourd'hui dans nos sociétés. Les deux dernières coupes du monde de football, où l'équipe de France a gagné, puis perdu assez tristement, l'illustrent ! Une équipe sportive accepte déjà mal de perdre un match. Alors pour un peuple, perdre une guerre… Le traumatisme de la défaite de 1940 n'est peut-être pas encore effacé. Mais en 1945 certains n'écoutent pas les Cassandres qui décrètent alors que la France a fini sa course et ils se jurent de faire tout leur possible pour la rénover. Une génération d'hommes jeunes, la plupart engagés dans la Résistance, décident que l'histoire n'est pas finie et vont s'employer à ramener leur pays dans le peloton de tête.

M. L. – Et celui-ci va connaître en même temps un nouveau dynamisme démographique…

R. R. – De façon à la fois miraculeuse et inexplicable – mais n'est-ce pas le propre des miracles ? –, ce vieux pays malthusien qui, après avoir été le plus peuplé d'Europe, souffrait depuis deux siècles de la dénatalité, retrouve brusquement à partir de 1943 une fécondité dynamique.

M. L. – Et le phénomène semble se reproduire maintenant, depuis l'an 2000. Peut-on l'expliquer simplement par la reprise de l'activité économique ?

R. R. – Incontestablement positif, le phénomène demeure largement inexplicable : c'est un mystère. De tous les pays de l'Union européenne, Irlande mise à part, la France est celui dont la démographie est la plus satisfaisante et qui peut envisager l'avenir avec une certaine confiance, alors que plusieurs de nos partenaires ont des raisons de s'inquiéter : l'Espagne et l'Italie risquent de se retrouver au milieu de ce siècle avec dix millions d'habitants en moins ; la France sera, elle, plus peuplée qu'aujourd'hui. Les équilibres seront à terme remis en question. Au lendemain de la guerre, le phénomène va durer vingt ans, de 1943 à 1965, remplaçant les générations, apportant un sang neuf.

Revenons à cette génération d'hommes qui ont en 1945 entre vingt et trente ans. Ces jeunes adultes, dont beaucoup ont fait l'apprentissage de l'action dans la Résistance, n'ont pas dissocié leur action combattante d'une réflexion sur les lendemains. Ils entendent reconstruire la France sur d'autres fondements que ceux de la Belle Époque. Leur jugement est plutôt sévère pour la France d'avant-guerre et ils veulent innover dans tous les domaines. Cette volonté ne peut s'incarner qu'à travers un effort collectif. Cet effort n'exclut pas les initiatives individuelles, mais celles-ci ne seront efficaces que si elles s'inscrivent dans une concertation plus large, animée par l'État qui a seul les moyens financiers pour la mener à bien. Un peu partout, une génération de jeunes fonctionnaires, de syndicalistes, pas seulement ouvriers, de chefs d'entreprises, d'exploitations agricoles, s'impliquent dans cet effort. Tous les secteurs d'activité sont concernés. L'agriculture est l'exemple achevé de ce renversement, la presse et les médias qu'on veut plus intègres avec Hubert Beuve-Méry et la création du *Monde*, l'attente d'une réforme de l'enseignement. Ces efforts parallèles procèdent tous de la même inspiration. Le consensus n'exclut pas cependant en même temps de profondes divisions politiques et idéologiques, durant la guerre froide, et des conflits sociaux très durs. Mais pour la reconstruction, il y a une volonté partagée. De ce temps datent beaucoup d'innovations. Avec rapidité, la France relève ses ruines, jette les fondements d'une économie plus moderne.

Un effort partagé

M. L. – Cependant, comme dans les années 20, la France bénéficie du soutien américain…

R. R. – Le plan Marshall a été d'une grande aide. Sans elle, certains résultats n'auraient pas été obtenus. Mais l'imagination et le travail des Français ont été décisifs. Ils ont accepté de différer le moment de recueillir le fruit de leurs efforts. L'effort principal s'est concentré d'abord sur la reconstitution d'un socle de production. A l'époque, en plus d'un secteur économique, la durée du travail hebdomadaire est plus proche de soixante heures que de quarante.

M. L. – Alors il n'est pas question des trente-cinq heures !

R. R. – Certes pas ! D'abord, les familles ont un vrai besoin de travailler pour vivre, les rémunérations sont faibles, et les heures supplémentaires les bienvenues. Dans certains secteurs, comme les mines de charbon, on accélère les cadences de production pour améliorer les rendements. Partout, l'effort de productivité s'accentue, de l'électrification du réseau ferré aux techniques d'extraction de la houille. Les nationalisations ont facilité ce processus : aux quelque sept cents sociétés productrices ou distributrices d'électricité se substitue un grand organisme national, qui peut concevoir une programmation à l'échelle du pays sur une longue durée, avec les moyens que met à sa disposition l'État. Le relèvement n'aurait pas été si rapide sans cette intervention de la puissance publique.

A partir de 1954, la page de la guerre est tournée, les restrictions sont levées, le pays entre dans une phase d'expansion – c'est le mot qu'on emploie à l'époque –, et ce dans une relative stabilité : l'inflation est enrayée. La IVe République a mis en place sur le plan économique tous les ressorts de la croissance des années qu'on appellera glorieuses. La France a fait preuve d'une réelle capacité d'innovation qui lui a fait rattraper les retards accumulés.

M. L. – Ce retard est dû surtout à la guerre et ses conséquences ?

R. R. – Pas seulement. C'est aussi l'effet de la crise des années 30 qui a interrompu les investissements. Mais la guerre a ruiné le pays. La conjonction de ces deux facteurs a ramené les indices de production très loin en arrière : il faudra des années pour retrouver les niveaux de production de l'avant-guerre, avant de les dépasser. Soulignons que ce grand effort s'est accompli de manière consensuelle : rien de comparable aux contraintes des régimes autoritaires. Cette modernisation a été l'expression d'une adhésion implicite du plus grand nombre. A l'époque, la meilleure illustration de cette attitude, c'est l'agriculture qui le propose. Les chrétiens y ont joué un rôle déterminant.

M. L. – Les chrétiens sont à la pointe du productivisme ?

R. R. – Quelques secteurs de productions ou régions mis à part, l'agriculture était un des secteurs les plus routiniers, sur lequel pesait la tradition. La culture catholique qui valorise tout ce qui est tradition n'était pas tellement favorable à la modernité : les innovations étaient suspectes. L'Église craignait que le changement ne déstabilise le monde rural et ne conduise aux mêmes conséquences que la révolution industrielle : le déclin de la pratique religieuse, l'éloignement de la paroisse, la déchristianisation.

M. L. – Ce discours s'est vu renforcé par l'idéologie pétainiste : « La terre, elle, ne ment pas… »

R. R. – C'était dans la nature de ce régime de faire référence aux valeurs de la civilisation rurale. Mais il ne faut pas oublier un autre élément qui relève de la longue durée : la France est une vieille nation rurale, elle le reste aujourd'hui encore dans certains de ses comportements, en ce début de IIIe millénaire, alors que la population active ne compte plus que 3 % d'agriculteurs. A chaque Salon de l'agriculture, nos hommes politiques défilent tous pour se faire voir de l'électorat agricole. Aucun de ces facteurs, de ces composantes de l'identité nationale, n'était favorable au progrès. Il n'y avait donc pas de raison évidente pour que l'agriculture soit un des secteurs qui réalise les transformations les plus importantes. Or, c'est peut-être la profession qui a accompli la plus grande mutation, plus que le monde industriel où les comportements sont restés largement déterminés par les traditions de combativité ouvrière ou de résistance patronale. Au contraire, toute une génération d'agriculteurs s'est mobilisée sur une intuition liée à sa vision du christianisme.

Les chrétiens et l'innovation

M. L. – Mais en quoi le christianisme peut-il être source d'innovation ? Vous venez pourtant de souligner la position conservatrice de l'Église, si attachée à la société rurale…

R. R. – Par l'idée du bien commun. Les mouvements agricoles d'action catholique, qui ont une visée apostolique, accueillent l'idée que, pour ramener le monde rural à la foi, ils doivent prendre en charge l'ensemble des problèmes de leur milieu social d'appartenance et en modifier les conditions de vie. Plus question de les maintenir en l'état, il faut au contraire prendre l'initiative du changement, précisément pour préserver les valeurs chrétiennes fondamentales : justice, fraternité, solidarité. L'exploitation familiale à laquelle ils sont légitimement attachés ne survivra que si elle se modernise. D'où le pari de la modernité et l'intérêt pour les innovations techniques chez les jeunes agriculteurs. Ils font campagne pour le changement des structures, le remembrement du territoire, l'agrandissement des surfaces, l'introduction du tracteur : au travail de l'homme et à l'énergie animale se substitue la machine, ce qui rapproche l'agriculture de l'industrie. On abandonne la traditionnelle économie de subsistance domestique pour la production en quantité et la commercialisation des produits : bref, on entre dans le circuit de l'économie moderne. Ce choix a été fait délibérément, en connaissance de cause. Les jeunes paysans se comportent en chefs d'entreprises. J'en ai été le témoin. J'ai bien connu un dirigeant comme René Colson. J'ai vu à l'œuvre cette génération de dirigeants de la JAC.

M. L. – Mais cette logique n'est pas purement individualiste ou libérale, comme on dirait aujourd'hui…

R. R. – Effectivement, se multiplient des formes d'association : coopératives, syndicats, CUMA, GAEC, SAFER… Une sorte de tiers secteur se met en place qui échappe à l'individualisme libéral sans être tributaire de l'État, qui renoue avec une tradition du catholicisme social, d'initiative libre mais organisée. Progressivement, ces générations de jeunes responsables investissent les organisations professionnelles, comme le Centre national des jeunes agriculteurs. Le jour où Michel Debatisse deviendra le patron de la puissante Fédération nationale des syndicats d'exploitants agricoles, ils auront gagné. Cette agriculture ancestrale qui suffisait tout juste à nourrir quarante millions de personnes en 1940, est devenue la seconde au monde, largement exportatrice, la principale concurrente des États-Unis. La modernisation s'est faite par la volonté et l'intelligence. Les gouvernements y ont eu aussi leur part, à travers la première loi d'orientation agricole de Michel Debré en 1960 qui prévoit la concertation, la conférence annuelle entre le gouvernement et les agriculteurs. Toute une cogestion s'est mise en place.

Un contexte instable

M. L. – Laissons, si vous le voulez, le monde agricole pour revenir plus largement aux années 50. En dehors des guerres coloniales, la France ne connaît pas de grands conflits comme la Seconde Guerre mondiale ; en revanche, elle va traverser des crises, ces « fièvres hexagonales » dont parle un historien comme Michel Winock, que nous évoquerons plus tard. Tout n'est pas réductible à cette évolution linéaire, à ce progrès positif que vous discernez dans l'agriculture. On assiste à des crises politiques, comme Suez en 1956... ou à des sursauts qui touchent aussi la jeunesse, bien avant mai 1968.

R. R. – Effectivement. Si on s'en tenait à ces aperçus optimistes, on aurait une vision très euphorisante de la réalité. Tout ce que nous venons de rappeler s'inscrit sur la toile de fond d'une tension presque permanente, d'une agitation chronique, en particulier politique. En témoigne la succession des crises ministérielles, crises mineures, mais qui ne laissent pas d'avoir des conséquences sur le climat général. Le pays est déchiré par les divisions partisanes, les controverses idéologiques. Cette histoire n'est plus tragique comme précédemment, mais elle reste dramatique, pleine de ruptures et de débats de fond.

On touche ici à une caractéristique essentielle : la place éminente que la politique tient traditionnellement dans la société française, plus grande qu'en d'autres pays. C'est un héritage de notre histoire. Depuis la Révolution, le peuple français attache un grand prix à la politique, même s'il se montre critique pour les politiques. Peut-être du reste n'est-il aussi sévère à leur encontre que parce qu'il fait grand cas de la politique et qu'à tort ou à raison leur comportement ne lui en semble pas digne. Les Français croient qu'à travers la politique il est possible d'agir sur l'histoire. Sans elle on subit le poids des événements. S'ajoute notre inclination à formuler les problèmes en termes généraux et universels. Il devient alors très difficile de trouver des compromis. On l'a observé récemment encore lors du conflit social de l'hiver 1995 qui a divisé les intellectuels sur son impact et sa signification. Cette tendance à la radicalisation des débats découle de notre propension à universaliser les enjeux.

M. L. – Cette radicalisation des conflits, vous l'avez expérimentée de près dans les mouvements de jeunesse catholique. Devenu universitaire, vous restez en lien avec ceux-ci. Au moment où la société française se modernise, toute une nouvelle génération se dresse contre la hiérarchie de l'Église. Qu'en dire aujourd'hui ? Est-ce un conflit de croissance, un conflit de jeunesse vis-à-vis d'une institution un peu vieillie ? Est-ce déjà la revendication d'autonomie individuelle dont on parlera plus tard ?

R. R. – Il ne faut pas trop surdimensionner les conflits d'ordre confessionnel, encore qu'ils aient un retentissement à l'extérieur. Ce phénomène d'amplification demeure vrai aujourd'hui encore : ce qui concerne l'Église catholique retient l'attention au-delà du cercle des fidèles. On l'a vu avec l'affaire Gaillot : la polémique qui a suivi est le signe que ce qui se passe dans l'univers catholique suscite de l'intérêt dans l'opinion publique. Durant la période que nous évoquons, l'affaire des prêtres ouvriers en 1953-1954 a pris une importance nationale. L'opinion tout entière s'enflamme, et jusqu'au parti communiste. Ces crises ont beau ne concerner que les mouvements confessionnels, leurs enjeux débordent ce cadre. Les mouvements d'action catholique sont alors des organismes puissants qui occupent dans la société une place éminente.

M. L. – Les jeunes n'hésitent pas à s'engager dans un cadre religieux fort, presque à caractère politique. Nous sommes loin de l'absence de militantisme d'aujourd'hui…

R. R. – Nous en sommes à cent lieues ! Les mouvements regroupent des dizaines de milliers d'adolescents, dont beaucoup exerceront ensuite des responsabilités dans la société civile. La répétition de ces crises révèle aussi un conflit de générations. Les dirigeants et militants sont jeunes, ils ont affaire à une institution, l'Église, qui s'inscrit dans la durée, et dirigée par des hommes d'âge. Entre les uns et les autres, un écart de plus d'un demi-siècle : deux générations dont chacune est tributaire de son expérience et enfermée dans sa problématique. Les évêques ont vécu une histoire plus ancienne. Pour certains, elle remonte au début du siècle : ils n'ont pas oublié ce qu'ils ont connu, séminaristes ou jeunes prêtres, la querelle religieuse, la séparation de l'Église et de l'État, les lois anticléricales. Ces souvenirs expliquent pour partie la facilité avec laquelle l'épiscopat adhère en 1940 au gouvernement du maréchal Pétain. Ils ont le sentiment d'une réparation : justice leur est rendue. On ne considère plus les catholiques comme une minorité suspecte, ils sont réintégrés à part entière dans la société.

Les évêques face aux jeunes

M. L. – Car l'Église est à peine remise de la séparation de 1905 et des conflits très violents du XIXe siècle de la question religieuse.

R. R. – Oui, bien que dès les années 20-30, une génération de catholiques ait rétabli le contact avec le siècle. Le débat porte essentiellement sur la marge d'autonomie, dans l'Église, pour des mouvements qui trouvent leur identité dans leur relation à l'Église. Ce n'est pas seulement une tension entre des hommes d'âge et de plus jeunes, mais entre clercs et laïcs. Le problème est plus délicat encore si le mouvement détient un certain monopole. Ce qui est le cas des mouvements d'action catholique spécialisés. Ainsi la JOC était reconnue par la hiérarchie ecclésiastique comme le mouvement d'Église ayant en charge l'ensemble de la jeunesse ouvrière. Il n'y a pas de problème si ce mouvement prend position sur une question de simple justice sociale, quand il demande par exemple une semaine de congés supplémentaire pour les jeunes travailleurs. Mais s'il établit des relations avec les jeunes communistes pour des actions communes ? Si les étudiants de la JEC prennent position contre la guerre d'Algérie ? Pour l'opinion, ils engagent l'Église, au-delà de ce que les responsables de celle-ci estiment être de leur compétence...

M. L. – Ils se sentent liés aussi par une solidarité de classe, de milieu social.

R. R. – C'est incontestable. Les dirigeants estiment que s'ils ne prenaient pas en charge tous les problèmes que rencontre leur milieu, ils ne rempliraient pas leur rôle. Un débat de fond est sous-jacent sur la responsabilité, l'initiative, l'autonomie des dirigeants. Cette discussion est proprement française parce que la manière dont l'Action catholique des mouvements de jeunes s'est développée chez nous est tout à fait différente de celle des autres pays, où ces mouvements sont nés de l'initiative de la hiérarchie : ils sont restés sous tutelle, comme la longue main de l'épiscopat. En France, ces mouvements sont issus d'initiatives laïques : ils se sont constitués à l'intérieur d'une Association catholique de la Jeunesse française, qui a été dès l'origine une association indépendante, créée par des laïcs en 1886, et qui entretenait avec l'Église des relations de confiance assurément, mais sans mandat ni monopole. Il y avait d'autres mouvements, comme « Le Sillon » de Marc Sangnier... Ces nouveaux mouvements, auxquels l'institution donne mandat, se greffent sur le tronc d'une vieille institution qui a une tradition, des habitudes d'autonomie et qui s'inscrit de surcroît dans une tendance du catholicisme caractérisée par l'acceptation de la modernité et la volonté de réconcilier l'Église avec la démocratie. Ce qui n'est pas, de loin, le souhait de tous les catholiques !

M. L. – Aurait-on pu éviter le conflit ? Les évêques avaient-ils les moyens de le prévoir ?

R. R. – Je crois qu'on aurait pu faire l'économie de certaines crises et surtout éviter la rupture finale. Des erreurs ont été commises, probablement de part et d'autre : des déclarations imprudentes, intempestives des dirigeants laïcs. Des erreurs d'appréciation peut-être : les évêques n'ont pas perçu la portée de certaines décisions, ni leurs implications, en particulier dans la crise de l'ACJF. Certains évêques se sont crispés sur une conception étroitement juridique des rapports entre l'Église et les laïcs.

L'ouvriérisme a aussi joué son rôle dans le conflit entre la JOC et les autres mouvements. Celui-ci est révélateur des tensions de la société. Ce n'est pas seulement un conflit confessionnel. La JOC participe à la culture du mouvement ouvrier, moins défini par le marxisme que par le particularisme ouvrier, la conviction que la classe ouvrière détient l'avenir du monde. Ce trait de mentalité se retrouve aussi chez les prêtres-ouvriers : le point de vue d'une classe devient un absolu. Par comparaison, les autres mouvements, notamment la JAC, mouvement rural, me semblent entrer plus facilement dans une vision globale et se prêter davantage à la recherche d'une conciliation entre leurs intérêts propres et l'intérêt général. Cet affrontement est révélateur d'une époque où la classe ouvrière se situe en marge de la société française. Tous ces éléments ont contribué à la crise de 1955-1956, et conduit à des décisions de circonstance, dont les conséquences ont été incalculables. Ce type de crise rebondira en 1965 pour la JEC.

Catholiques et communistes

M. L. – Là aussi, l'affrontement avec l'épiscopat est très dur. La violence de l'autoritarisme, les incompréhensions mutuelles apparaissent d'un seul coup insurmontables.

R. R. – Oui, la crise de 1965 à la JEC a décapité le mouvement, entraînant la démission de dirigeants de valeur. Ils quittent le mouvement, souvent s'éloigneront de l'Église. Je pense, entre autres, à un Henri Nallet, ancien secrétaire général de la JEC, qu'on retrouvera ministre de l'Agriculture dans un gouvernement socialiste. Le cas se répète à des centaines d'exemplaires.

M. L. – Vous n'avez jamais été tenté de baisser les bras, de rompre avec l'Église, en voyant cet autoritarisme épiscopal…

R. R. – Je pense avoir été préservé de tirer des conséquences extrêmes de cette situation, par ma formation d'historien qui conduit à relativiser en inscrivant la courte durée dans une perspective à long terme. Par ailleurs, je ne pense pas que l'intransigeance entraîne des résultats positifs.

M. L. – Vous vous montrez pour le coup très politique ! Il s'agit d'attendre que le vent tourne ?

R. R. – Non, sans être girouette, on peut, on doit même tenir compte des circonstances. Si les dirigeants de l'ACJF avaient fait le gros dos, si au lieu de démissionner ils avaient attendu l'avènement de Jean XXIII, le Concile leur aurait donné raison. La JEC aussi a disparu. La JAC présente le cas contraire : la continuité a été préservée jusqu'à nos jours, à une échelle plus réduite, à travers le MRJC. L'éclatement des mouvements de jeunesse catholique n'a pas été sans conséquence sur mai 1968 : quand la crise éclate dans le monde étudiant, il n'y a plus de structures qui auraient pu entraver ou canaliser le mouvement, voire l'orienter. Alors qu'entre 1945 et 1960, la JEC constituait la force principale du milieu étudiant : les militants formés par elle ont pris la direction de l'UNEF en 1956.

M. L. – C'est pourtant une sorte d'OPA, de prise de pouvoir…

R. R. – Non, pas du tout, ce n'est pas une prise de pouvoir confessionnelle : ils entendaient mettre le syndicalisme au service de l'ensemble du milieu étudiant. S'il n'y avait pas eu cette malheureuse succession de crises, on aurait trouvé en mai 1968 des militants chrétiens en nombre, présents et écoutés… Mais ils avaient quasiment disparu, laissant le champ libre aux groupuscules gauchistes, trotskistes, maoïstes, et autres…

M. L. – On assiste du reste à une crise similaire ou proche à l'Union des étudiants communistes qui s'affronte aux hiérarques du Parti, comme l'ont décrit Hervé Hamon et Patrick Rotman dans leur livre sur mai 1968 *Génération*…

R. R. – Le parallèle a été souvent fait entre les deux crises. Même faillite des modèles, même conflit de générations, entre des jeunes avides d'agir et des dirigeants vieillis. La crise de la JEC et celle de l'UEC surviennent la même année. L'UEC sera débordée par la contestation et ne pourra contrôler tous les dissidents du marxisme.

Elle reconstituera péniblement une Unef-Renouveau plus tard. On est sorti du schéma des années 45-60 où l'affrontement dans le monde étudiant était entre les communistes et les chrétiens.

M. L. – Les deux Églises se font face… On le voit à la Sorbonne, où l'aumônier Mgr Charles et le jeune Jean-Marie Lustiger mettent en avant la visibilité du catholicisme, par les pèlerinages à Montmartre ou les conférences…

R. R. – On s'affronte, parfois on agit de concert. Mais à partir de 1960, cette situation est dépassée dans un monde étudiant qui grandit démesurément.

L'intellectuel et les clercs

M. L. – Nous reviendrons plus largement sur mai 1968. Mais dans ces conflits vécus avec l'épiscopat, comment vous situez-vous ? Vous n'êtes pas l'homme de la contestation, plutôt un homme de l'institution, très attaché à l'Église de surcroît…

R. R. – Il faut distinguer selon les moments. Dans l'immédiat après-guerre, en dépit d'une petite querelle sur la notion de mandat, le climat est dans l'ensemble paisible, les mouvements sont sortis grandis de l'épreuve par la part prise à la Résistance. Les militants ont contribué à redorer le blason du catholicisme. Ils sauvent la mise d'évêques souvent compromis avec le régime de Vichy. S'il n'y a pas alors d'explosion d'anticléricalisme, c'est parce que de nombreux chrétiens, clercs et laïcs, ont fait le choix lucide et courageux de s'engager dans la Résistance. Personnellement, je n'ai pas eu d'opposition avec l'épiscopat, j'ai rencontré beaucoup d'évêques avec lesquels les rapports ont été faciles.

M. L. – Avec votre oncle aussi, Mgr Rémond, évêque à Nice.

R. R. – Entre lui et moi, il y avait des rapports de grande estime et de profonde affection, et il m'a témoigné beaucoup de confiance. Dix ans plus tard, les choses ont beaucoup changé. Dans la crise de l'ACJF, Mgr Guerry m'a attribué une grande responsabilité dans son déclenchement, me tenant pour son mauvais génie. Or, même si je gardais des rapports personnels avec certains d'entre eux, les dirigeants de l'ACJF ne me consultaient pas, et je me gardais bien d'intervenir. J'essayais seulement de comprendre ce qui se passait. A la demande du Père Maydieu, j'ai écrit dans *La vie intellectuelle* un article sur la signification de la crise, qui énonçait ce que nous venons d'évoquer. Certains y ont vu la preuve d'une complicité. La situation fut encore différente en 1965. Lors du conflit avec la JEC, Mgr Veuillot était coadjuteur de Paris, Mgr Feltin étant encore archevêque. Il avait sommé les dirigeants de répondre séance tenante par oui ou non à quatre questions. Le procédé m'a choqué : il me semblait que ce n'est pas ainsi qu'on se comporte avec de jeunes responsables. Avec les anciens dirigeants, nous avons jugé de notre devoir d'intervenir, et nous avons rédigé un texte de protestation.

M. L. – Ce texte vous a été reproché par les évêques ?

R. R. – Ce texte a choqué Mgr Veuillot. Il m'a aussitôt adressé un pneumatique, m'invitant à prendre contact avec lui. Il devait, lui aussi, considérer que j'étais l'inspirateur manipulant les autres !

M. L. – On craignait l'intellectuel, la forte tête qui conteste l'autorité et la hiérarchie ?

R. R. – Peut-être. Ce fut le point de départ d'une série de rencontres fort intéressantes et approfondies, et même pour moi d'une amitié véritable avec Mgr Veuillot. Il s'est rendu compte, je crois, que sa manière de procéder n'était pas la bonne. La seule conséquence a été que, par prudence, ma succession à Olivier Lacombe comme président du Centre catholique des intellectuels français a été différée de quelques mois. Cette affaire n'a pas du tout altéré mes rapports personnels ni avec Mgr Veuillot ni avec l'épiscopat. Il m'est arrivé plus d'une fois par la suite de prendre position sur le plan religieux, politique ou social. Mais je peux attester que jamais ma liberté de pensée, d'expression n'a souffert le moins du monde de mon appartenance à l'Église. Je n'ai jamais eu à choisir entre les deux. L'exercice de cette liberté est, il est vrai, plus facile pour un laïc que pour un clerc : pour le laïc ni son activité professionnelle, ni sa vie ne dépendent de l'institution. C'est une raison de souhaiter que des laïcs participent à la vie de l'Église à un niveau de responsabilité important et puissent faire entendre leur point de vue. Au XIXe siècle, je n'aurais pas pu tenir le même discours. Force est de reconnaître l'émergence dans la pratique de l'Église de France, depuis quelques décennies, d'une assez grande liberté.

Un dialogue de sourds

M. L. – Est-ce toujours le cas ? Vous avez évoqué vous-même la malheureuse affaire Gaillot, où certains ont vu un dialogue de sourds... Et puis, nous pourrions parler de la liberté des théologiens...

R. R. – Il existe encore une incompréhension et des malentendus entre certaines instances romaines et la

France. Nos prises de position sont parfois mal comprises : ce fut le cas pour le livre de Jean Delumeau, *Le christianisme va-t-il mourir ?*, qui choqua voici plus de vingt ans, parce qu'il avait le mérite de poser le problème de la déchristianisation et surtout de la sécularisation. Aujourd'hui encore, certaines instances de l'Église peinent à accepter une pluralité théologique. Certes, l'historien est moins exposé à ce type de critique…

M. L. – Pensez-vous que nous payons encore à présent les conséquences des conflits entre les évêques et les mouvements de jeunesse ?

R. R. – Dans le long terme, sans aucun doute, parce qu'ils ont conduit à un divorce avec le monde, en particulier intellectuel. Au-delà du choc des mentalités ou des générations, une rupture s'est consommée. Le christianisme ne jouit plus aujourd'hui de l'estime et de la considération qu'il inspirait aux intellectuels dans les années 50 et 60, au temps où le CCIF accueillait toutes les personnalités du monde de l'intelligence ou de la création.

V

Du bon usage des crises

Si les crises politiques ou sociales n'existaient pas, sans doute faudrait-il les inventer... Dans l'un de ses ouvrages, l'historien Michel Winock montre combien l'identité française s'est constituée en grande partie dans ces moments de forts conflits collectifs. C'est la « fièvre hexagonale », qui va de la Révolution française à mai 1968, opposant les Bleus et les Rouges, les catholiques et les républicains, les partisans de Dreyfus aux nationalistes français, les résistants et les pétainistes...

Crises constitutives d'une histoire, ces oppositions, violentes parfois, sont aussi l'occasion pour les générations successives de se structurer, de s'identifier à une cause supérieure. Charles Péguy ou Léon Blum se sont construits à partir de l'affaire Dreyfus, qui hante le monde de Proust ou de Martin du Gard... Et par leur caractère imprévu, elles brouillent les cartes et les repères. Le tiède peut se retrouver activiste bouillant, l'homme de droite révolutionnaire ou le progressiste subitement attaché à l'ordre. Par leur soudaineté, elles surprennent les analyses de l'historien.

Mais par-delà ces effets de générations ou de recomposition, peut-on penser qu'il existe un « bon usage des crises », une manière de les dépasser qui permettent un nouveau vivre ensemble, une manière de se retrouver autour de valeurs communes ? Comment ne pas revenir sur ces deux crises qui marquent les années d'après-guerre, mai 1958 et mai 1968, qu'on ne peut s'empêcher de rapprocher en dépit de leurs différences ?

Crise politique, crise sociale

Marc Leboucher – Bien que très différentes, les deux crises de mai 1958 et mai 1968 se sont imprimées profondément dans notre histoire collective. Mais en quoi ces deux crises sont-elles révélatrices d'aspirations plus profondes ? Pourquoi des événements totalement imprévus vont-ils marquer aussi fortement la société française dans ses mentalités, dans son évolution ? Un psychanalyste évoquerait même le rôle de l'inconscient à cette occasion…

René Rémond – Les deux événements que vous rapprochez sont effectivement des crises graves, dont les conséquences ont été considérables et dont les dénouements auraient pu être catastrophiques. Si elles s'étaient produites au XIXe siècle, elles auraient probablement dégénéré en conflit ouvert, voire en guerre civile comme pour la Commune de Paris. En 1958, tous les éléments d'une guerre civile « à l'espagnole » étaient réunis. Mai 1968 aussi aurait pu prendre un tour beaucoup plus dramatique. Que dans l'une et l'autre situation, tous ceux qui avaient, d'un côté ou de l'autre, une part de responsabilité aient concouru à orienter la sortie de crise vers une solution pacifiée prouve que la société française avait mûri. Peu à peu, elle a intériorisé une détestation de la violence collective, elle a appris à distinguer entre la violence à finalité politique et la violence de droit commun. Mais au-delà de ce rapprochement, les deux crises apparaissent bien différentes dans leurs origines, leur nature, leurs enjeux. Mai 1958 est une crise essentiellement politique qui met en question le pouvoir et sape le régime. La crise de 1968 se désintéresse complètement de l'aspect institutionnel : c'est vraiment une crise de société. Dans un cas, c'est l'ordre politique, dans l'autre, c'est l'ordre social qui sont menacés, mais à dix ans d'intervalle ces deux crises ont éprouvé gravement la cohésion nationale.

M. L. – Parlons d'abord de mai 1958, qui met à mort la IVe République. Un régime instable, certes, mais qui s'est beaucoup impliqué dans la reconstruction, nous l'avons dit…

R. R. – La crise de 1958 est très directement liée à la décolonisation qui se surimpose elle-même à d'autres difficultés. La France est sortie de la Seconde Guerre mondiale affaiblie, exsangue. Il a fallu un grand effort pour relever les ruines, reconstruire et ramener le pays dans le peloton de tête. Cette ardente obligation a exigé des Français de vrais sacrifices, le consentement de différer le moment où ils récolteraient le fruit de leurs efforts. Comme l'a écrit mon ami Alfred Grosser, la France a la disgrâce, de 1947 à la fin de la guerre d'Algérie, d'être traversée intérieurement par les deux grands conflits qui divisent alors la planète. La guerre froide d'abord opposant l'Est et l'Ouest : la France compte en son sein un parti communiste puissant – la première force politique – avec un électorat nombreux, inféodé à l'URSS. Plus d'un Français sur quatre met sa confiance dans le parti de Maurice Thorez et Jacques Duclos. Le rideau de fer qui divise l'Europe passe aussi à l'intérieur de la société française. L'Italie connaît le même contexte de division interne, mais elle ignore le second conflit, celui qui oppose le Nord et le Sud, si on veut le formuler en termes de points cardinaux, autrement dit les peuples colonisés à leurs métropoles : il opposera ceux qui restent attachés au maintien du statut colonial, à ceux qui pensent que le moment est venu d'émanciper les territoires d'outre-mer. La Grande-Bretagne aussi a des problèmes en Asie et en Afrique, mais elle a la chance de ne pas avoir de parti communiste. La France est bien la seule à conjuguer les deux conflits. Les divisions s'exaspèrent à mesure que les conflits coloniaux se succèdent : révolte de Madagascar, événements du Maroc, perte de l'Indochine, guerre d'Algérie. Le désastre de Diên Biên Phû en 1954 a réactivé douloureusement le sentiment d'humiliation que la France avait connu, quatorze ans plus tôt, avec la défaite de la bataille de France.

M. L. – Cette défaite en Indochine est cruellement vécue. Elle ne démoralise pas seulement les militaires.

R. R. – La France pensait avoir effacé sa défaite en participant à la victoire des Alliés. Or, neuf ans plus tard, nos troupes subissent une défaite militaire en rase campagne. L'armée est évidemment la première humiliée, mais elle souffre plus encore d'être incomprise, et du sentiment de ne pas avoir été davantage soutenue par la nation. La guerre d'Algérie aggrave ce trouble et met à nu l'impuissance des gouvernements à résoudre le problème et l'inadéquation des institutions à des situations de crise aussi dramatiques.

M. L. – L'armée sera donc tentée par le coup d'État…

R. R. – Une partie de ses cadres du moins. La prise de pouvoir à Alger, le 13 mai 1958, la collusion manifeste d'une partie de l'armée avec les activistes et une situation virtuelle de putsch larvé font vaciller le régime. Que serait-il advenu s'il n'y avait eu un tiers, un recours extérieur aux deux forces affrontées, le gouvernement de Paris se réclamant de la légalité institutionnelle, et le pouvoir de fait, à Alger, disposant du bras armé de l'armée ? Je vois mal comment on aurait pu échapper à la sécession ou à la guerre civile. Probablement, un débarquement des parachutistes en métropole aurait instauré une dictature militaire à la Franco. Mais un troisième pouvoir se rappelle à l'attention, qui n'a d'autorité que morale, en la personne du général de Gaulle. Il faut reconnaître que de chaque côté, on s'est ingénié à ne commettre aucun acte irrémédiable, tant de la part du gouvernement Pfimlin que du général de Gaulle, et même à Alger, où les militaires mesurent les risques encourus. Plusieurs responsables politiques ont fait alors preuve de lucidité et je dirais même de courage civique, dont Guy Mollet. Car le recours à de Gaulle n'aurait pu se faire régulièrement si le parti socialiste ne s'y était pas en majorité rallié. Or Guy Mollet savait qu'en l'acceptant il allait diviser le Parti et risquer de le casser. Il a pris ce risque, en dépit de son attachement profond à son parti, pour préserver la concorde et la paix civile. En la circonstance, les politiques ont témoigné de leur sens des responsabilités et d'une sagesse un peu semblable à celle que l'on a, avec raison, admirée dans la transition démocratique espagnole au cours des années 70 après la mort de Franco.

L'Algérie, c'est la France

M. L. – A l'époque, vous êtes universitaire, engagé auprès des mouvements d'Action catholique, puis dans les groupes d'intellectuels chrétiens. Comment vous situez-vous comme intellectuel justement face au problème colonial, à la guerre d'Algérie, à cette crise ? Des écrivains comme Sartre, Mauriac prendront position. Vous venez de nous dire que de Gaulle a joué un rôle positif. Mais n'a-t-il pas d'abord profité d'une situation ambiguë, d'une IVe République minée par la question coloniale ?

R. R. – Mon attitude dans la crise de 1958 doit beaucoup à ma réflexion sur la décolonisation. Lors de la guerre d'Indochine, je crois m'être assez vite convaincu qu'il n'existait pas de solution militaire et je me suis senti proche des positions de Pierre Mendès France qui est intervenu solennellement pour la première fois dans le débat parlementaire, en octobre 1950, pour appeler à une solution politique. A l'époque, l'Assemblée nationale est encore le lieu de la décision politique, ou de l'indécision dans certains cas. Elle joue le rôle d'une caisse de résonance des opinions. Au lendemain du désastre de Cao Bang, où toute une colonne de la Légion étrangère a été surprise et massacrée, Mendès France prend date pour l'avenir et se prononce pour un règlement négocié du conflit. Celui-ci s'amorce puisque la France a accordé l'indépendance aux États associés. Mais, comme souvent, les gouvernements sont hésitants, et pratiquent simultanément deux politiques, l'une d'ouverture, l'autre répressive. Je me souviens fort bien qu'en juin 1953 j'ai ardemment souhaité l'investiture de Mendès France et que j'ai été fort déçu de son échec.

M. L. – Son pragmatisme vous séduisait ? Son souci de se fixer un calendrier politique et d'accorder action et vision à moyen terme ?

R. R. – Il ne lui a manqué alors que quelques voix pour obtenir l'investiture. J'étais de ceux à qui la candidature de Mendès France inspirait l'espoir d'un renouveau de la démocratie... J'étais en plein accord avec son analyse de la situation et avec ses orientations, en particulier sa conviction forte que gouverner, c'est choisir et dans la longue durée, au-delà des préoccupations à court terme.

Aussi en 1954, je me suis réjoui de son investiture. C'était au lendemain de Diên Biên Phû : personne ne s'opposait plus au fait qu'il faille arrêter les frais et reconnaître la victoire du Vietnam.

M. L. – Mais la guerre d'Algérie survient…

R. R. – On a beaucoup brocardé la phrase de François Mitterrand : « L'Algérie, c'est la France ! » Mais il faut rappeler qu'en 1954 personne ou presque ne croit à l'indépendance de l'Algérie. Certains appellent de leurs vœux un aménagement des relations entre la métropole et l'Algérie, regrettant que les projets d'association aient été écartés sous la pression des Français de souche. Mais personne, alors, n'envisage sérieusement l'indépendance de l'Algérie. Commencée comme une révolte, cette guerre va s'installer dans la durée. J'ai été très choqué par la reculade de Guy Mollet, le 6 février 1956, devant une manifestation de rue qui tourne un peu à l'émeute. Le président du Conseil cède sur-le-champ et remplace dans l'heure le ministre résident désigné, réputé trop libéral. Dès lors, le 13 mai 1958 se profile à l'horizon…

M. L. – Déjà ? C'est un aveu de faiblesse ? Une marque de la fragilité du régime et de son personnel politique ?

R. R. – Les Algérois ont retenu qu'il suffisait de descendre dans la rue pour faire céder le gouvernement. A chaque reculade, le pouvoir perd un peu plus de sa capacité de décision et de son autorité.

M. L. – Comment réagissez-vous face à un pouvoir tenté par la répression devant les revendications d'indépendance, cédant devant la rue d'Alger plus favorable à la France ?

R. R. – Même si on ne conteste pas la légitimité des opérations de police engagées pour rétablir l'ordre et la sécurité, on commence à s'interroger sur la manière dont elles sont conduites. Par l'hebdomadaire *Témoignage chrétien*, où il m'arrive d'écrire de temps à autre, je suis informé de l'usage de la torture. Des rappelés d'Algérie témoignent de la répression. Je serai de ceux qui leur apportent leur caution. Le 2 décembre 1955, à la suite du renversement du gouvernement, les conditions fixées par la Constitution pour que joue le droit de dissolution de l'Assemblée étaient réunies. Edgar Faure convainc le président Coty de dissoudre pour provoquer des élections anticipées qui devaient clarifier la situation et mettre en place un gouvernement capable de mener une politique claire en Algérie. Je m'associe alors à la signature d'un manifeste, avec une petite vingtaine de personnalités catholiques comme Pierre-Henri Simon, publié par *Le Monde*, qui indique aux catholiques qu'ils peuvent à cette occasion voter à gauche sans état d'âme.

M. L. – Ce qui est nouveau à l'époque ! Et cette prise de position, avec d'autres intellectuels, a été suivie d'effets ?

R. R. – On a crédité ce texte d'une certaine influence. Selon les enquêtes, un demi-million de catholiques auraient voté Front républicain, la coalition qui soutenait Pierre Mendès France. Dans cette prise de position, la situation en Algérie a été déterminante, plus assurément que le programme social ou économique du Front républicain. Je faisais confiance à Mendès France depuis sa candidature de 1953 : je fondais des espoirs sur lui pour une rénovation de la vie politique.

Des chrétiens contre la torture

M. L. – Vous commencez déjà à être informé d'exécutions sommaires, de faits de torture ?

R. R. – Les témoignages de séminaristes ou de militants d'Action catholique mobilisés commencent à se diffuser. Ils rapportent ce dont ils ont été témoins, ce qu'ils ont vu, ce à quoi ils ont parfois essayé de s'opposer. *Le Monde* publie un texte de l'historien Henri-Irénée Marrou, Pierre-Henri Simon écrit *Portrait d'un officier*. Ce secteur de l'opinion proteste contre des comportements qui entachent l'honneur de l'armée et de la France. On l'oublie parfois aujourd'hui, mais avant que d'autres familles de pensée s'émeuvent, les catholiques ont été les premiers à condamner l'usage de la torture.

M. L. – A partir de quand cette prise de conscience des chrétiens intervient-elle ?

R. R. – Dès 1953 à propos du Maroc, à la suite de ce qu'on a appelé le « massacre des Carrières centrales » à Casablanca, une opération de police qui tourna à la ratonnade : des chrétiens, des Français du Maroc vont alors se mobiliser. André de Peretti, qui avait fait partie du secrétariat général de la JEC à la veille de la Seconde Guerre mondiale, Robert Barrat, mon camarade à l'École normale, vont trouver François Mauriac, et le convainquent d'intervenir pour s'élever contre la répression. Le Centre catholique des intellectuels français a organisé une grande réunion d'information sur le sujet.

M. L. – François Mauriac raconte effectivement tout cela avec verve et passion dans son *Bloc-Notes*. Mais il relève aussi que toute une partie de l'opinion catholique, plus conservatrice, ne partage pas cet état d'esprit…

R. R. – J'ai été personnellement convaincu que la déposition du sultan en août 1953 était une erreur politique majeure, une provocation, une humiliation infligée au peuple marocain. Il ne pouvait y avoir d'avenir pour les relations entre les deux pays en dehors d'une évolution pacifique qui restituerait au Maroc sa souveraineté dans l'amitié avec la France.

M. L. – Vous êtes alors proche de la Démocratie chrétienne. Le MRP n'est pas encore dévoyé dans la répression coloniale…

R. R. – Je suis surtout lié avec Étienne Borne, qui dirige la revue *Terre humaine*. Elle sera lâchée par le MRP. *France Forum* prendra le relais. Étienne Borne, l'intellectuel de la Démocratie chrétienne, était à la fois un vrai philosophe et un excellent écrivain, doué d'une plume brillante. Au comité de rédaction, nous évoquions les problèmes coloniaux. Je me souviens encore de la jubilation de Borne, recevant de François Mauriac un article polémique que celui-ci avait écrit à la suite de la réception à l'Académie française du maréchal Juin. Un article titré, si je me souviens bien : « Un coup de bâton étoilé ». Dans son discours de réception, le maréchal Juin avait décoché des flèches aux « bonnes consciences » humanitaires… Mauriac, qui n'avait certainement pas voté pour le Maréchal à l'Académie, se vengeait en écrivant ce beau texte…

Dans le cadre de *Terre humaine*, nous avions eu un contact avec Tahar Ben Amar, qui avait été ministre dans un gouvernement tunisien et qui nous informait sur les ratissages exécutés, en 1952 si je ne me trompe pas, par les forces de police et l'armée dans la région du cap Bon. Il y avait eu l'assassinat du principal leader syndicaliste tunisien par « La main rouge », un réseau d'activistes, de colons français, qu'on pourrait rapprocher des

« Escadrons de la mort » tristement célèbres qui ont sévi en Amérique latine.

M. L. – Vous vous découvrez peu à peu hostile à la colonisation ?

R. R. – Je ne me dirais pas anticolonialiste, parce que j'estime que la colonisation a eu sa part de grandeur, mais j'étais convaincu qu'elle était devenue anachronique, qu'on ne pouvait plus maintenir un statut d'inégalité et de domination. Si la colonisation a eu des effets positifs, l'heure était venue d'envisager une évolution profonde. J'avais reçu aussi des informations par un de mes camarades de l'École normale, envoyé surveiller les premières élections en Algérie, en application du statut de 1947, qui était revenu indigné de ce qu'il avait vu : bourrage des urnes, fraude organisée sur une grande échelle par l'administration, abus en tout genre… Je n'avais pas d'illusions sur la façon dont des textes de loi, même émancipateurs, étaient sabotés dans leur application par la complicité de l'administration et de ce que Charles-André Julien appelait les « prépondérants », c'est-à-dire les notables locaux, les grands colons…

Dans la rue, après le 13 mai

M. L. – Revenons à la crise de mai 1958 proprement dite. Approuviez-vous ceux qui voulaient mettre un terme à l'instabilité de la IVe République ? Et du coup au régime lui-même ?

R. R. – En 1958, je ne pensais pas qu'on puisse éviter plus longtemps une profonde transformation des rapports entre la France métropolitaine et l'Algérie. Mais je désapprouvai le 13 mai ! Je n'ai jamais porté sur la

IVe République un jugement aussi sévère que beaucoup, ayant conscience de la gravité et de la complexité des problèmes auxquels elle était confrontée. Aucun régime, il faut le répéter, n'a eu à faire face simultanément à autant de difficultés, avec des ressources limitées, et de profondes divisions de l'opinion publique. J'avais toujours jugé regrettable la campagne menée par de Gaulle contre les institutions avec le Rassemblement du peuple français. Je continue de penser, et le général de Gaulle en est presque venu à formuler la même idée, que la création du RPF avait été une erreur stratégique de sa part. Sans disculper de ses fautes la IVe République, elle était le régime légal. Attaché à la légalité, je défile le 28 mai 1958 de la Bastille à la République pour protester contre le coup de force d'Alger.

M. L. – Voilà le sérieux professeur et l'analyste prudent dans la rue ! On vous sait plus familier des chaires universitaires que du pavé parisien...

R. R. – J'y vais sans illusions, et pas pour m'opposer au retour de De Gaulle. Parmi ceux qui défilent avec moi, beaucoup se gardent de le confondre avec les putschistes du 13 mai. Si j'ai défilé – cela ne m'est pas souvent arrivé –, c'était par refus de l'illégalité. Il fallait aussi lancer un message clair au général de Gaulle, pour qu'il prenne en compte la partie de l'opinion qui acceptait malaisément que l'évolution des institutions, peut-être nécessaire, se fasse sous la pression des militaires.

M. L. – Mais comme théoricien des droites en France, très attaché à la bipolarité, comment expliquez-vous que les guerres coloniales vont redistribuer aussi les catégories droite-gauche ? Les clivages classiques entre progressistes et conservateurs sont brouillés. Le démocrate-chrétien Georges Bidault, le socialiste Guy Mollet évoluent plutôt vers la droite alors qu'ils viennent pourtant de courants marqués par le progressisme et la Résistance. Comment rendez-vous compte de ce glissement ?

R. R. – C'est sans doute une des plus grandes conséquences des crises périodiques que nous évoquons. Quand surgissent des problèmes d'une nouveauté radicale, les familles d'esprit sont prises au dépourvu, désemparées. Elles ne trouvent pas dans leur patrimoine idéologique et leur expérience du passé une réponse appropriée ou des modèles d'action. Le même désarroi s'était fait jour en 1940. Par exemple, dans le camp de l'Action française, certains s'engagent alors immédiatement dans la Résistance, d'autres suivront Maurras jusqu'au bout dans la fidélité au régime du Maréchal, d'autres enfin se jetteront à corps perdu dans la collaboration. Brusquement confrontés à une situation radicalement nouvelle, ils ont dû se déterminer par eux-mêmes. De même à la fin du XIXe siècle, au temps de l'affaire Dreyfus, une partie des républicains de gauche, par patriotisme, par attachement à l'armée, se rangèrent dans le camp antidreyfusard et rejoignirent le camp nationaliste.

M. L. – Oui, mais pourquoi la question coloniale divise-t-elle autant ? Avec le sentiment qu'elle brouille les clivages politiques classiques...

R. R. – Parce qu'elle touche un point sensible de notre identité nationale. Elle a divisé la plupart des forces politiques et entraîné une redistribution des cartes, à l'instar du débat actuel sur la souveraineté et l'Europe. Sur une même position, se retrouvent des gens qui viennent de droite, et d'autres de gauche, et tous ont pourtant la conviction d'être fidèles à leurs origines. Le cas de Georges Bidault est un des plus étonnants, peut-être aussi des plus éclairants : professeur d'histoire, l'attachement à la nation compte beaucoup pour lui. Il s'engage dans la Résistance par patriotisme, autant que par fidélité à la démocratie, puisqu'il est de ces catholiques qui ont fait le choix de la démocratie, et pour qui il y a convergence, harmonie entre le christianisme et l'idéal démocratique. Après la disparition de Jean Moulin en 1943, il devient le président du conseil national de la Résistance. Alors, comment expliquer qu'il se retrouve en 1960 dans le camp des antigaullistes, président d'un pseudo-conseil national de la Résistance au côté des nostalgiques de Vichy ? La réponse est dans son patriotisme : pas plus qu'il n'était question d'abandonner à l'Allemagne hitlérienne l'Alsace et la Lorraine, Bidault ne se résigne à l'abandon au communisme de provinces d'outre-mer... Dans le même sens, René Coty parlait au lendemain du 13 mai de l'Algérie comme de l'Alsace-Lorraine.

M. L. – Comment expliquer cette faillite chez Bidault de l'idéal généreux et plutôt progressiste de la démocratie chrétienne ? Là aussi, François Mauriac ne se privera pas de tirer à vue sur ce dévoiement, en regrettant son idéal de générosité et de justice...

R. R. – Cette dérive incontestable s'explique par un combat idéologique poussé au paroxysme. Bidault l'a mené contre le nazisme d'abord, puis contre le marxisme-léninisme. Lors des événements du Maroc, il évoque le combat de la croix contre le croissant, en termes de croisade : il se réfère à la tradition de la France, fille aînée de l'Église, qui combat les infidèles par l'épée. Dans le cas du leader du MRP, il y a sans doute aussi des raisons personnelles : il a été ministre des Affaires étrangères et, par une identification très humaine à la fonction et à son action, il n'a pas supporté de voir Mendès France lui succéder pour faire une autre politique ou lui voler les résultats de la sienne. Ce parcours n'est pas exceptionnel :

parmi les militaires qui s'engagent dans le camp de l'Algérie française, parmi les hommes du putsch du 21 avril 1961, et même parmi ceux qui rejoignent l'OAS, il y a d'anciens résistants, des gaullistes de la première heure.

M. L. – Cet entêtement vous surprend ?

R. R. – Ces opposants ont le sentiment d'être fidèles à eux-mêmes : ils reprochent à de Gaulle de se comporter comme Pétain en 1940. En bradant nos colonies, il cède comme lui à l'ennemi. Le parcours d'un homme comme Helie Denoix de Saint-Marc l'illustre bien, mais il n'est pas le seul. Maintenu dans l'armée d'Armistice en 1940-1941, j'ai bien connu plusieurs officiers ou sous-officiers qui étaient gaullistes, en un temps où il était courageux de se dire tels, qui ont rejoint la France libre, et se sont pourtant retrouvés au premier rang de ceux qui ont combattu de Gaulle en 1961. Ils n'ont pas accepté qu'il accorde l'indépendance au FLN. Ils y auraient peut-être davantage consenti s'il avait traité avec des représentants élus des Algériens, mais céder à la guérilla, ce n'était pas acceptable ! S'y ajouta aussi le sentiment de leurs devoirs à l'égard des Algériens qu'ils avaient entraînés dans le combat : certains combattants d'Indochine ont gardé le souvenir douloureux des Vietnamiens sacrifiés au Viêt-minh, et ont eu honte de recommencer avec les harkis.

Une expérience fondatrice

M. L. – Revenons à notre questionnement initial. Qu'est-ce que cela change, finalement, pour une société ou un régime politique de se trouver fondé sur une crise ? Sans revenir aux mythes de l'Antiquité, comme le meurtre de Remus et Romulus, pensons à la IIIe République, après la guerre de 1870-71 et la Commune de Paris, au régime de Vichy après la défaite de 1940. Comme si une fondation avait besoin d'une crise initiale…

R. R. – Ne renversons pas l'ordre de succession des événements. Dans tous ces cas, c'est une crise qui balaie le régime en place et fait le vide. Un régime survit difficilement à certains chocs, en particulier aux revers militaires. La guerre a joué dans cette histoire un rôle capital. La Restauration n'a été possible en 1814 que par la défaite de Napoléon. La voie est ouverte à la IIIe République par la chute du second Empire. Elle-même ne survivra pas à la défaite de 1940 et la IVe a succombé à la guerre d'Algérie. Quatre guerres perdues : quatre régimes renversés. Il existe un lien consubstantiel dans notre histoire entre la succession des régimes et les guerres. La guerre qui a amené la disparition de la République en amène une autre.

M. L. – C'est presque une formule à la de Gaulle ou à la Clemenceau !

R. R. – Sans faire appel aux récits mythiques ou aux théories philosophiques de René Girard, toute crise désigne un coupable, un bouc émissaire. Ne voit-on pas, aujourd'hui, qu'on ne conçoit plus que puisse survenir une catastrophe sans dénoncer des responsables, même pour des catastrophes naturelles ? Aussi bien pour l'affaire du sang contaminé, où des responsabilités humaines sont engagées, que pour des phénomènes plus difficilement maîtrisables, comme les débordements de la Somme. Dans ce dernier cas, une rumeur en imputa même la responsabilité au gouvernement, rumeur que Lionel Jospin a dû démentir sans toujours convaincre ! A plus forte raison pour une défaite, le régime est le coupable dénoncé.

En 1940, les griefs sont contradictoires : les uns reprochent au gouvernement d'avoir déclaré la guerre, les autres de ne pas l'avoir préparée ! Le second Empire présente le même cas de figure : il aurait probablement duré longtemps s'il n'avait eu l'imprudence de déclarer la guerre à la Prusse. A la veille de la guerre, le plébiscite de mai 1870 avait consolidé le régime : les républicains atterrés pensaient en avoir encore pour vingt ans. Une initiative malencontreuse, une guerre mal conduite, et le régime est balayé...

M. L. – Pour évoquer à nouveau mai 1958, quand de Gaulle revient au pouvoir, ne vise-t-il pas à instaurer une sorte de « monarchie présidentielle », propre à satisfaire l'inconscient de notre mémoire française ?

R. R. – Si les Français répondent positivement au référendum à 85 %, c'est d'abord parce qu'ils estiment que de Gaulle est seul capable de mettre fin à la guerre d'Algérie, les politiques n'ayant pu le faire. Mais le général de Gaulle a lié son investiture à l'adoption d'un texte qui lui donne mandat de préparer un texte de Constitution. Les parlementaires ne croient guère que ce projet pourra être prêt pour le 1er octobre. L'Assemblée reprendra alors ses travaux dans le cadre de la IVe République. Certains parlementaires font le calcul un peu machiavélique : ou de Gaulle n'aura pas mieux réussi qu'eux à la rentrée d'octobre, et l'Assemblée, prenant acte de son échec, le congédiera ; ou il aura réussi et on n'aura plus besoin de lui... on l'écartera aussi ! Le général de Gaulle mène tambour battant la réforme des institutions, si bien que la Constitution est adoptée de justesse le 28 septembre, promulguée le 4 octobre. Il a gagné son pari.

M. L. – Il bénéficie aussi de l'impopularité de la IVe République...

R. R. – A cause de l'impuissance de celle-ci ! L'opinion était surtout exaspérée par l'instabilité ministérielle. La cascade de ces gouvernements qui tombent les uns après les autres, d'une durée moyenne de huit mois, créait un sentiment d'humiliation. Les Français sauront gré à la Ve République d'avoir mis fin à cette instabilité chronique. Les Premiers ministres illustrent cette stabilité retrouvée, Michel Debré trois ans, Pompidou six ans. La vie quotidienne de l'État renoue avec la continuité, retrouve le sens de la durée. C'est un argument déterminant de l'attachement de la majorité des Français à ce régime et du ralliement, par échelons successifs, de ceux qui ont voté contre son instauration.

M. L. – Même ceux qui sont descendus dans la rue comme vous, pour protester contre le coup d'État du 13 mai ?

R. R. – Bien sûr, mais, je vous l'ai dit, pour moi, défiler signifiait avant tout le refus du putsch du 13 mai ! Ce n'était pas un non au retour du général de Gaulle. Aujourd'hui personne ou presque ne fait campagne pour un changement de régime. De 1958 à 1981, les institutions ont pourtant été contestées. Mais avec l'alternance et l'arrivée au pouvoir de ceux qui les avaient critiquées, François Mitterrand en tête, et qui les conservent, les institutions achèvent de devenir légitimes, même si elles l'étaient déjà en droit. En France, depuis 1789, aucun régime n'avait bénéficié d'une telle unanimité. Tous ont suscité des oppositions, sauf peut-être le Consulat et le début de l'Empire marqué par la lassitude des expériences antérieures et le prestige personnel du vainqueur de la campagne d'Italie. Tous les régimes ont connu des oppositions, souvent plusieurs, sur leur droite et sur leur gauche. Même la IIIe République a rencontré de fortes résistances : l'opinion catholique et la droite ont mis longtemps à s'y rallier, il a fallu attendre la victoire de 1918. La IVe République illustre bien cette réalité : le Parti communiste à gauche, le RPF à droite additionnent une majorité de suffrages ; les défenseurs du régime sont minoritaires, il leur faut instaurer un mode de scrutin qui permette de garder une majorité parlementaire. Comment expliquer que la Ve République ne fasse plus l'objet d'une vraie contestation ? Les Français ont fini par se dire qu'il n'y avait pas de régime idéal. On renonce aux utopies constitutionnelles. C'est, à mon avis, une preuve de sagesse, le fruit du bon sens et d'un certain pragmatisme.

L'histoire aux premières loges

M. L. – Justement, cette Ve République dont nous venons de souligner la stabilité, quelques années après sa naissance, voici qu'elle vacille lors de la crise de mai 1968. A l'époque, René Rémond, vous êtes au cœur du dispositif, comme enseignant et futur président d'université. Comme témoin aussi de l'évolution des mouvements de jeunesse catholique et des étudiants. Vous qui avez vu grandir ces jeunes de l'après-guerre, êtes-vous surpris par ce qui arrive ?

R. R. – Je me suis trouvé effectivement avec quelques collègues aux premières loges ! J'ai souvent comparé ce qui s'est passé en 1968 à une éruption volcanique : d'autres ont vu de loin déferler le torrent de lave, mais nous étions, nous, sur les flancs du Vésuve ou même sur les bords du cratère... C'est une expérience assez exceptionnelle pour un observateur de la réalité sociale : elle est très riche d'enseignements ; elle amène aussi à remettre en cause beaucoup d'idées reçues et même d'explications admises des événements antérieurs.

M. L. – Les concepts de l'historien sont remis en cause par le réel ?

R. R. – Je reconnais que cela m'a rendu sceptique à l'égard de certaines interprétations, notamment des révolutions politiques, de la Révolution française en particulier, qui pèchent par un excès de rationalité. Quand on reconstitue une situation *a posteriori*, comme fait l'historien, on est presque inévitablement amené à établir une adéquation entre les causes et les conséquences : on recherche à tout prix les antécédents qui peuvent expliquer le cours des événements. Or j'ai été en 1968 le témoin de l'irrationalité qui fait irruption dans l'histoire, du rôle de la contingence et du fortuit : il n'y a pas de corrélation étroite entre le caractère, relativement limité, des causes et l'ampleur des conséquences. Aussi faut-il beaucoup d'humilité à l'historien quand il s'attache à reconstituer des enchaînements rétrospectifs.

M. L. – Quand commencent pour vous les événements de mai 1968 ?

R. R. – A Nanterre, dès l'automne 1967, par une agitation insolite, l'apparition d'un discours idéologique, dans les premières semaines après la rentrée universitaire. La faculté de Nanterre avait été créée à l'automne 1964, pour répondre à un besoin démographique. Jusque-là, le système universitaire français, parfaitement uniforme, comptait une université par académie : il y avait dix-sept académies en France et en Algérie. Chaque université est composée, depuis Napoléon, de cinq facultés. Les liens entre les facultés sont à peu près inexistants, purement administratifs. Pour la première fois, la Ve République rompt avec ce principe, en dédoublant certaines facultés pour faire face à l'afflux d'étudiants. L'explosion scolaire qui a touché le second degré sous la IVe République arrive à l'université en 1962-1963. L'académie de Paris compte désormais deux facultés des Sciences ; les Lettres s'engagent dans la même voie à la rentrée de 1964 avec la création à Nanterre d'une annexe de la Sorbonne-Lettres qui va être érigée en faculté autonome dès 1964. Le Droit suivra à son tour.

M. L. – Vous avez donc fait l'ouverture de Nanterre…

R. R. – Les débuts ont été des plus heureux. Cette petite faculté inspirait le désir de faire du neuf, et en donnait la possibilité, avec des enseignants jeunes, pas très nombreux, se connaissant. Loin de tout comportement mandarinal, nous nous sentions engagés dans un projet collectif. Nous travaillions ensemble, professeurs, maîtres-assistants, assistants, les professeurs se gardant de faire sentir leur supériorité hiérarchique, associant leurs collègues à la décision. J'ai beaucoup appris de cette pratique de la collégialité.

Nous nous considérions un peu comme des pionniers dans cette banlieue qui, à certains égards, ressemblait à un chantier : en débarquant de la gare on pataugeait dans la boue. Le principal cadeau à faire aux filles, à cette époque, c'était une paire de bottes, pour traverser les océans de boue et les flaques d'eau… C'était le Far West.

M. L. – Comment expliquer alors l'explosion contestataire en dépit de cette apparente convivialité ?

R. R. – Ce fut une grande surprise et beaucoup d'incompréhension à voir se dessiner, à la rentrée 1967, un état d'esprit contestataire avec des revendications qui allaient bien au-delà de celles auxquelles nous étions habitués. Les demandes n'étaient pas seulement corporatives ; elles apparaissaient déjà sous-tendues par une idéologie qui contestait l'Université telle qu'elle était mais qui s'y intéressait assez peu. Cette critique idéologique porte sur l'ordre social, le procès fait à l'Université étant secondaire ou subsidiaire : on lui reproche d'être l'instrument d'un ordre social qui est rejeté. Tous n'ont pas lu Althusser, mais beaucoup partagent l'idée que l'Université est un appareil idéologique d'État. On fait le procès de la culture bourgeoise, en particulier dans les départements de sciences sociales, psychologie, sociologie. Le sociologue Henri Lefèbvre joue un rôle important dans ce mouvement de contestation radicale : venu du surréalisme, il se réclame du communisme, mais d'un communisme assez particulier qui insiste sur la critique sociale, plus idéologique et culturel que véritablement politique.

M. L. – Mais un historien comme vous n'est-il pas lui-même aussi sensible à cette dimension de critique sociale ? Après tout, la doctrine sociale de l'Église existe aussi…

R. R. – Avoir ce souci ne signifie pas céder aux sirènes de l'idéologie ! Les étudiants de sociologie se font de la société une idée qu'ils empruntent à *Germinal*. Il faut dire qu'ils ont de bonnes raisons pour cela : l'environnement de Nanterre les conforte dans leurs certitudes. Les pouvoirs publics ont en effet parachuté les enfants des beaux quartiers dans une banlieue ouvrière, héritière de la Révolution industrielle, avec prolétariat et sous-prolétariat ! La sectorisation a fait que les étudiants des huitième, neuvième, seizième et dix-septième arrondissements de Paris sont assignés à résidence dans cette université, avec aussi les résidents de quelques-unes des communes les plus huppées : Saint-Germain-en-Laye, Le Vésinet, même si on trouve aussi des communes plus populaires comme Gennevilliers ou Bois-Colombes. Pour ces jeunes c'est un choc de découvrir les trois grands bidonvilles qui encerclent l'université, où vivaient dans des baraquements de tôle ondulée dix ou quinze mille Portugais et Maghrébins...

M. L. – Nos étudiants des beaux quartiers les voient comme les étudiants russes, à la fin du XIXe siècle, s'agenouillaient devant les moujiks ?

R. R. – Exactement. Il y a chez certains un élan de générosité populiste. Ils vont au peuple, ou à la découverte du tiers-monde, qui est là tout près d'eux, comme Régis Debray part en Bolivie. Un sentiment de révolte se mêle au désir de don de soi. La société qui tolère pareille injustice leur apparaît intolérable, il faut la détruire. Les voilà devenus révolutionnaires.

La séduction du gauchisme

M. L. – Pourquoi une telle diffusion de l'idéologie ? Le milieu familial, la religion, l'éducation ne jouent plus leur rôle ?

R. R. – L'empire exercé sur les esprits par les groupes idéologiques vient remplir un vide, depuis la crise des étudiants communistes, en 1965, et la reprise en main par l'appareil, qui amène les esprits imaginatifs, inventifs, à quitter l'UEC. Pensons à Bernard Kouchner ou d'autres, qui vont se jeter dans le gauchisme. J'ajouterai, bien que la relation de cause à effet avec la crise de la JEC ne soit pas aussi explicite, qu'il n'existe plus non plus de groupe de référence au sein de l'univers chrétien qui puisse opposer une résistance philosophique ou idéologique au gauchisme. C'est dans ce vide que les « groupuscules » vont s'engouffrer.

M. L. – Des groupuscules, vraiment ? Ne s'agit-il pas d'un mouvement de masse ?

R. R. – Georges Marchais a employé ce terme, dans les premiers jours de mai 1968 : on le lui a beaucoup reproché par la suite. Mais il n'avait pas tort. Il est indéniable que ceux-ci ne représentaient que des minorités avant l'explosion, quelques centaines au plus, parmi les dizaines de milliers d'étudiants. Mais comme rien d'autre ne leur est opposé, l'onde de choc va se propager et provoquer un phénomène de résonance. La masse étudiante va entrer en connivence avec ces groupes gauchistes. On a reparlé récemment du trotskisme, avec l'évocation de l'itinéraire de Lionel Jospin, la montée de Lutte ouvrière et de la LCR. En 1968, l'effervescence idéologique se traduit à travers les différentes déviations du marxisme-léninisme : trotskisme, maoïsme, même l'anarchisme resurgit. Ces petits groupes se réfèrent à un système philosophique dont ils pensent qu'il leur donne une clé pour comprendre et changer la société. Explication plus psychologique : ces jeunes trouvent dans ces groupes une sociabilité chaleureuse. Ce facteur compte aussi : Nanterre commence à souffrir du trop grand nombre : de 1 500 étudiants en 1964, on est passé à quelque 12 000 en 1968. Le jeune qui sort de son lycée se sent perdu dans cet ensemble trop grand. Les quelques leaders qui se détachent du lot, tel Daniel Cohn-Bendit, sont écoutés et leur discours trouve un écho.

M. L. – Chez tout le monde ?

R. R. – Ils rencontrent bien quelques résistances, mais dès novembre 1967, se déclenche une grève dure, qui s'est prolongée une bonne semaine. La séduction de la violence se fait jour : un tract donne la recette pour fabriquer des cocktails Molotov ; on se réclame d'une stratégie de rupture. C'est le début d'un engrenage ; les professeurs sont déstabilisés, qui ne peuvent accéder à leur propre bureau, les locaux étant occupés par les contestataires. Imaginez ce que ce peut être, pour un enseignant habitué à évoluer dans un milieu préservé et calme, de se voir refuser de faire son cours. Un vrai scandale ! Le doyen Grappin fait appel à la police, le commissariat de Nanterre envoie quelques agents, pas du tout préparés à une opération de maintien de l'ordre, et qui sont accueillis par une pluie de projectiles. Ils se replient piteusement, la situation devient incontrôlable…

M. L. – Avec une médiatisation croissante qui ne sera pas accessoire pour la suite du mouvement.

R. R. – Cette médiatisation a conféré aux événements de Nanterre une audience extraordinaire, qui constitue pour les agitateurs une invitation supplémentaire à continuer. Ils savent trouver des relais, et commencent à manipuler l'opinion à travers les médias, par des déclarations à la presse. Très vite, ils connaissent le numéro de téléphone de l'AFP. Ils sont en avance d'une étape sur l'administration ou sur les enseignants tout à fait déconcertés. De semaine en semaine, Nanterre vit une série de rebondissements qui créent chez les enseignants un sentiment d'insécurité.

M. L. – L'insécurité, déjà ?

R. R. – Quand ils sont à la faculté, ils ne savent pas s'ils pourront faire cours, certains ont été molestés, un collègue a une dent cassée dans la bousculade…

M. L. – Mais le gouvernement, dans un premier temps, ne pense pas utile de réagir ?

R. R. – Certains s'indignent précisément que le gouvernement ne réagisse pas. Il faut aussi prendre en compte la dimension internationale du phénomène : aux États-Unis depuis 1964, à Berkeley, en Allemagne, en Turquie, au Japon… Les étudiants ont conscience de faire partie d'un grand mouvement planétaire de contestation. Quand on apprend qu'un leader des JUSO allemands, le mouvement de jeunesse de la gauche sociale-démocrate, Rudi Dutchke, est victime d'un attentat, Nanterre s'embrase.

Par ailleurs, comme aujourd'hui dans le mouvement antimondialisation, l'antiaméricanisme que suscite la guerre du Vietnam est un autre détonateur de mai 1968 : les bombardements américains sur le Nord-Vietnam paraissent scandaleux aux étudiants, qui renouent avec l'anticolonialisme. Nombre d'étudiants qui ne sont pas du tout politisés au départ vont le devenir par solidarité avec le Nord-Vietnam contre les États-Unis. La police arrête des étudiants de Nanterre qui ont saccagé la vitrine d'une compagnie aérienne américaine dans le quartier de l'Opéra. La référence vietnamienne a joué un rôle direct à l'origine de ce qui va devenir le mouvement du 22 mars : ce soir-là, à Nanterre, les différents groupes gauchistes occupent de concert la salle du conseil, au dernier étage du bâtiment administratif. Une très belle salle, en haut d'une tour qui nourrit des fantasmes parce qu'elle semble incarner une verticalité autoritaire et être le signe de la domination de l'administration.

M. L. – Le symbole de la société de consommation et du pouvoir ?

R. R. – Oui, alors que ce bâtiment répond tout bonnement à une vocation purement fonctionnelle. Cette occupation n'est pas un exploit : elle ne comporte guère de risques. Ils occupent cette salle et y pique-niquent. On pressent une volonté de désacraliser les signes du pouvoir, avec une revendication d'autogestion. L'événement prend aussitôt une importance symbolique.

La faute à Nanterre

M. L. – Vous avez parlé d'insécurité, de séduction de la violence… Mais le mouvement ne semble pas basculer dans cette extrémité. Vous évoquez le rôle des symboles, une occupation somme toute paisible…

R. R. – Nous sommes cependant déroutés devant cette escalade. Comment réagir ? Dialoguer ? Réprimer ? On invente des instances de concertation avec les étudiants, mais les tentatives tournent court, les revendications allant bien au-delà de ce qu'il est possible de concéder.

M. L. – Les universitaires se trouvent sans points de repère, d'un seul coup ?

R. R. – Le corps enseignant se divise, et pas toujours en fonction des positions politiques antérieures de chacun. Voilà qui illustre ce que nous avons dit des effets des crises qui révèlent chez les individus des motivations plus profondes que celles qui inspirent leurs choix politiques ordinaires. Des positionnements classiques s'inversent : chez certains enseignants de gauche, l'attachement à l'ordre leur fait rejoindre l'extrême droite. Je ne pense pas avoir moi-même beaucoup changé politiquement durant cette période, mais combien en ai-je vu qui étaient sur ma gauche traverser, en quelques semaines, tout l'espace politique, et se retrouver sur ma droite pour me reprocher d'être trop à gauche ! De nouveaux clivages se dessinent, comme pour Munich ou la décolonisation, entre ceux qui, par principe, sont toujours enclins à céder et ceux qui, au contraire, ne croient qu'à l'autorité. Les uns reprochent au doyen de manquer de fermeté, d'autres encouragent le mouvement, certains nourrissent des rumeurs, répandent le bruit que l'administration a dressé des listes noires d'étudiants en raison de leur opinion, pour les recaler aux examens, ce qui est faux. Ceux-là refusent de démentir ce qui affole les étudiants ! On s'achemine vers des fermetures temporaires en anticipant sur les vacances de Pâques. La faculté fonctionne par soubresauts successifs. L'assemblée des professeurs se sépare sans avoir pris de résolutions : s'y affrontent ceux qui prennent fait et cause pour les étudiants et ceux qui ne veulent pas entendre parler de concession. Se creuse alors une fracture dont les conséquences ne sont pas toutes effacées aujourd'hui.

M. L. – Comme celles issues des prises de position adoptées durant la guerre ?

R. R. – Oui, des ruptures durables, avec des attitudes extrêmes qu'on a du mal à oublier ou pardonner. Il s'en trouve pour dire qu'il faudrait se comporter comme au Mexique : prendre cinquante étudiants, les coller au mur et les fusiller.

M. L. – On va jusque-là ? Même de la part d'enseignants nourris au lait de l'humanisme ?

R. R. – Oui, hélas ! D'autres, à l'inverse, emboîtent le pas, au sens propre du terme, aux gauchistes quand ceux-ci envahissent le bureau du doyen, tout prêts à prendre sa place. Pour corser le tout, le bruit court que les fascistes du GUD vont faire une descente. L'université vit dans l'attente anxieuse des coups de mains de groupes d'extrême droite. Les étudiants se mobilisent, appellent à la défensive, se préparent à les repousser.

M. L. – Comment vous situez-vous, personnellement ? Votre sensibilité naturelle ne vous pousse guère vers le gauchisme…

R. R. – J'avoue être tout à fait réfractaire à sa phraséologie ! Le 2 mai, les gauchistes occupent, sans l'avoir demandé, les grands amphithéâtres pour y tenir un meeting anti-impérialiste. Avec mes étudiants, quelque cent quatre-vingts, je me retrouve empêché de faire cours. Je refuse de m'incliner devant ce coup de force : mes étudiants attendent un enseignement. Je rends compte au doyen Grappin qui partage mon sentiment et demande au recteur l'autorisation de fermer la faculté. Elle lui est accordée. La faculté est fermée, et à la différence des fois précédentes, sans indication de date pour sa réouverture. Nous sommes le 2 mai. Le lendemain, c'est l'explosion au Quartier latin.

Une surprise absolue

M. L. – Les « Enragés de Nanterre », le mouvement du 22 mars, sont donc à l'origine de tout...

R. R. – Vous m'avez interrogé sur l'effet de surprise. Si nous ne sommes pas surpris du caractère des événements, l'idéologie inspiratrice nous étant familière, cette logomachie gauchiste étant devenue notre pain quotidien depuis novembre 1967, l'ampleur du mouvement a été pour nous une surprise absolue. Jamais nous n'aurions imaginé que, de Nanterre, pourrait partir un mouvement qui allait faire tache d'huile, paralyser l'enseignement supérieur, provoquer des soirées d'émeutes à Paris, entraîner une grève générale, et faire vaciller le régime. Pour l'historien, la disproportion entre le point de départ, limité, et l'aboutissement, démesuré, reste un mystère.

M. L. – Pourtant, vous l'avez dit, les informations circulaient, les médias fonctionnaient...

R. R. – Même les pouvoirs publics connaissaient la situation. Le doyen Grappin a toujours tenu informées les autorités : il bénéficiait d'un crédit personnel, et il connaissait bien le préfet de police Grimaud, un ancien camarade de khâgne. Pompidou lui-même avait été tenu au courant, mais aucun responsable, ni à Matignon, ni au ministère de l'Intérieur, ni à la préfecture de police n'imaginait l'explosion ! Il faut reconnaître humblement que nous ne l'avons pas davantage vue venir : nous ne pouvions pas la voir venir…

M. L. – Ou vous ne vouliez pas la voir venir…

R. R. – Ce qui frappe aujourd'hui encore, c'est que de l'étincelle partie de Nanterre ait résulté un embrasement général. Mais si Nanterre a mis le feu aux poudres, c'est sans doute qu'il existait des matières explosives latentes…

M. L. – Par la suite, les explications *a posteriori* de mai 1968 ne vont pas manquer. Vous qui êtes de tempérament plutôt bienveillant sur l'histoire, percevez-vous des éléments positifs dans ces événements ? A vous entendre, on vous découvre surtout choqué par le désordre et la phraséologie gauchiste. Sans aller jusqu'à ce que disait Maurice Clavel, qui voyait dans mai 1968 un signe spirituel, avez-vous senti là à l'œuvre des forces positives, des aspirations légitimes au changement de la société ?

R. R. – Je garde l'impression d'un mélange de sentiments et de passions : envie, jalousie, haine, mais aussi générosité, espoir d'une société meilleure. De tels événements sont d'extraordinaires révélateurs de la nature humaine. Ils m'ont beaucoup appris sur l'homme. Dans les situations ordinaires, la vraie nature des personnes reste partiellement cachée. Brusquement, au cœur d'une crise, se découvrent de nouvelles personnalités, se dévoilent des visages différents. Je garde de cette longue expérience une grande reconnaissance pour la disponibilité, le dévouement, la générosité de ceux qui ont essayé de rebâtir une université sur un projet commun. Mais, aussi, comment ne pas éprouver du mépris devant la lâcheté et l'irresponsabilité d'autres ? Trop d'enseignants ne mesurent pas la portée de leurs propos, ne se rendent pas compte que leur situation d'autorité confère à tout ce qu'ils disent et à ce qu'ils font une influence dont ils doivent user avec discernement.

M. L. – Mais, quand même, dans cette contestation soixante-huitarde, comment ne pas voir une formidable aspiration à la reconnaissance de la personne, un refus des carcans du pouvoir et de la société consumériste ?

R. R. – Si mai 1968 a connu un tel succès, c'est que la crise a été le révélateur d'aspirations profondes avec lesquelles on a dû depuis compter. Depuis 1968, il n'est plus possible d'exercer une autorité quelconque comme auparavant. L'événement a modifié l'exercice du pouvoir, la relation entre ceux qui détiennent une autorité et ceux qui leur sont subordonnés. Ce changement de mentalité a affecté tous les secteurs. Peut-être un peu moins l'entreprise, mais incontestablement le service public. J'en ai souvent parlé avec des responsables : officiers supérieurs ou généraux, magistrats. Il faut désormais informer, conseiller, expliquer. Invoquer l'autorité ne suffit plus. 1968 a révélé une irrésistible aspiration à l'autonomie et à la reconnaissance des personnes.

M. L. – Revenons au cours des événements lui-même. Le pouvoir gaulliste apparaît, lui aussi, divisé sur l'attitude à adopter…

R. R. – Il est aussi divisé que nos assemblées de faculté, entre partisans de la fermeté et ceux qui conseillent de transiger. Entre Christian Fouchet et Louis Joxe, comme entre Pompidou et le Général, qui sont en désaccord profond. Georges Pompidou veut gagner du temps et entend lâcher du lest. De Gaulle voudrait une énergique reprise en mains. Ainsi, la justice a lourdement condamné en procédure de flagrant délit des étudiants, après les avoir embarqués dans les paniers à salade. Pompidou empiète sur le pouvoir judiciaire pour faire lever les peines de prison ferme.

Le Général a disparu

M. L. – Parallèlement, à Nanterre, comment vivez-vous la relation avec les étudiants au quotidien ?

R. R. – Ce que je dis ici va paraître paradoxal mais, dès la mi-mai, Nanterre a retrouvé la tranquillité ! C'est ailleurs que se produisent les affrontements. Nous pouvons donc réunir étudiants et enseignants pour réfléchir à l'avenir et reconstruire une université. Nous essayons de concevoir de nouvelles pédagogies. Au département d'histoire, plusieurs centaines d'étudiants répondent présents à notre convocation, la plupart des enseignants aussi. On élit un conseil pédagogique de département, avec un bureau restreint de huit membres, sur le principe de la parité : quatre étudiants, quatre enseignants. Cet organisme, dont je fais partie, entame une réflexion de fond, élabore des statuts, une charte pédagogique, définit des programmes et des procédures d'examen. Tout ce travail se fait dans une entente et une très bonne concorde. Aux premiers jours de juillet, on en scelle l'achèvement par un dîner à la campagne, dans une atmosphère de fraternisation…

M. L. – C'est 1848 ! Vous cédez à l'enthousiasme, vous aussi…

R. R. – A l'illusion lyrique ! Sur un mode plus sérieux, je sais gré à ces événements d'avoir imposé la reconstitution d'un enseignement supérieur sur de nouveaux principes. En particulier, ils ont permis la création de véritables universités. L'enseignement supérieur y a gagné un début d'autonomie. L'intuition de le fonder sur la participation et la pluridisciplinarité était, même si l'application a laissé à désirer, judicieuse. Reste que, si ces nouveautés ont été une suite de 1968, elles n'étaient pas l'objectif du mouvement. Les soixante-huitards n'ont aucunement participé à cette reconstruction : ils vont même essayer de l'empêcher, parce qu'ils obéissent à une logique anti-institutionnelle.

M. L. – Ce pouvoir de la Ve République, jeune seulement d'une dizaine d'années, va montrer dans la circonstance une fragilité surprenante. Vous avez pourtant signalé plus tôt sa solidité institutionnelle. Comment expliquer que toute une partie des responsables politiques, qui, pour beaucoup, comme les gaullistes, avaient fait leurs classes dans la Résistance, se soient trouvés débordés, désemparés ?

R. R. – Encore une autre énigme de l'histoire…

M. L. – Je me souviens en avoir parlé avec votre ami Joseph Rovan, qui travaillait dans un ministère à l'époque. Il ne se passe plus rien, le pouvoir est à prendre, à ramasser au sens propre du terme…

R. R. – Le gouvernement est débordé. Il est toujours en retard d'une phase. Quand il s'apprête à apporter une réponse à une demande, celle-ci n'intéresse déjà plus. A partir du 13 mai, du grand défilé qui réunit plusieurs centaines de milliers de manifestants, les étudiants ne sont plus que le fer de lance, la figure de proue de la révolte. Les grandes organisations syndicales sont entrées en résonance à leur tour : à partir du 17 ou 18 mai, la grève devient générale. Le pays est paralysé, et le pouvoir entre en crise. Comme nous le disait Joseph Rovan, le téléphone ne sonne plus dans les ministères, beaucoup préparent leur ralliement à une autre administration. Les deux absences consécutives de Pompidou en Iran et de De Gaulle en Roumanie aggravent l'impression de vide, d'absence de l'État.

M. L. – Jusqu'à la fuite du général de Gaulle vers l'Allemagne. Comment la jugez-vous ?

R. R. – Je garde un souvenir très vif de l'événement. Ce jour-là, à Nanterre, au début de l'après-midi du mercredi 29, on apprend que le général de Gaulle a disparu. Dans l'amphithéâtre où je suis avec plusieurs centaines de personnes dont de nombreux enseignants, c'est une explosion de joie ! C'en est fini, on est débarrassé du général de Gaulle et de son régime !

M. L. – Vous participez à ce concert d'applaudissements ?

R. R. – Non, pas du tout ! Je ne puis me réjouir de cet effondrement de la légalité, de cette violence faite à un pouvoir légitime. Certains collègues, pourtant estimables, ôtent leur cravate, pour montrer symboliquement que les temps changent…

M. L. – Je constate que pour votre part, vous portez toujours la cravate… Plus sérieusement, comment expliquez-vous le départ du Général ? Calcul machiavélique ou coup de déprime ?

R. R. – On discutera indéfiniment pour savoir si ce voyage éclair a été prémédité ou dû à un enchaînement de circonstances. Dans quel état d'esprit le Général est-il arrivé à Baden-Baden ? Découragé, ou méditait-il déjà son retour en force ? Je ne saurais dire. On dispose de témoignages tout à fait contradictoires sur sa psychologie durant ces journées de mai. Ainsi Michel Debatisse qui a été reçu le mardi, la veille, assurait avoir trouvé le Général assez déterminé. Je pense que le Général a bien perçu le caractère incontrôlable de la situation et connu une sorte de passage à vide. Son projet de référendum, annoncé le 24 mai, est tombé à plat. Tout ce qu'il a entrepris avait échoué... Je ne crois guère à un départ en Allemagne pour solliciter l'intervention de l'armée. Vous allez me trouver trop mesuré encore une fois, mais il me semble difficile de trancher en la circonstance sur un point qui relève essentiellement de la psychologie de l'homme : il n'est pas exclu qu'il soit passé en vingt-quatre heures par des états d'âme successifs...

La fin de la récréation

M. L. – Puis c'est le retour de De Gaulle, le retournement !

R. R. – Le Général n'avait pas prévu de dissoudre l'Assemblée nationale. C'est Pompidou qui l'en convaincra. On assiste alors, médusé, à un renversement spectaculaire, le coup de théâtre de ce discours musclé, que je me rappelle avoir entendu à la radio. Du grand de Gaulle...

M. L. – Je m'en souviens aussi...

R. R. – Je me suis rendu à la manifestation sur les Champs-Élysées, non pour défiler, mais pour être témoin de l'événement. Je suis resté sur le trottoir, au bord de ce fleuve humain, face à cette foule affluant de partout, un demi-million de personnes peut-être... Quelle surprise ! Bien sûr, les officines gaullistes avaient préparé le terrain, mais la préparation n'explique pas tout : ils auraient fort bien pu ne se retrouver que vingt-cinq mille place de la Concorde. Mais l'initiative des gaullistes entrait en résonance avec la société française, tout comme l'action des Nanterrois avait trouvé au début du même mois la sympathie de la masse étudiante et de la population.

M. L. – Mais, dans l'intervalle, l'opinion a changé, elle s'est retournée comme ceux qui, en 1944, ont acclamé de Gaulle après avoir applaudi Pétain auparavant...

R. R. – On trouve que le désordre a assez duré, quatre semaines, c'est long. *Le Monde* lui-même compare le pays à un bateau ivre. Le discours du Général siffle la fin de la récréation. Mais avant que le fleuve rentre dans son lit, il faudra de longues semaines fiévreuses, et encore des affrontements... Dans la première quinzaine de juin, la France connaît des soirées presque plus houleuses que celles du mois de mai. A partir du 13 juin, le mouvement s'effiloche, le travail reprend.

Le coup de génie de De Gaulle fut de faire appel au peuple, ce qui prouve qu'il est bien démocrate : aux électeurs d'arbitrer. Ce pari a suscité une participation élevée aux élections législatives qui donneront une très large majorité à la droite.

M. L. – Même si mai 1968 n'est pas une révolution, même s'il n'a pas donné lieu, et heureusement, à des tueries ou des massacres, il laisse cependant des traces dans les mentalités et la société française...

R. R. – L'événement nous lègue le concept de soixante-huitard, comme il y eut, un siècle plus tôt, celui de quarante-huitard ! D'abord un formidable espoir de changement de la société dont profiteront les mouvements qui vont suivre, comme le conflit de Lip, ou le féminisme. Mais si mai 1968 est source d'espoirs déçus, il laisse aussi une partie de l'opinion traumatisée. Ceux qui redoutent le retour de troubles réclament une politique de fermeté. Ils reprocheront au gouvernement de pécher par faiblesse.

Au sein de la majorité présidentielle, d'autres jugeront que mai 1968 a exprimé des aspirations légitimes qu'il faut entendre et satisfaire. Ainsi naît le projet de nouvelle société qui inspire la politique de Chaban-Delmas et de ses deux conseillers, Simon Nora et Jacques Delors. Ils vont prendre l'initiative de réformes, par exemple la libéralisation de la télévision et de la radio, les deux chaînes. Mais une partie de la majorité leur reprochera de brader l'autorité en faisant des cadeaux à l'adversaire. Cette tension au sein de la majorité va rythmer les conflits internes de la droite. La parenthèse ne se referme pas vite : une agitation intermittente secoue les universités, jusqu'en 1976.

Valéry Giscard d'Estaing est élu à la présidence de la République en mai 1974 : le septennat giscardien donne satisfaction à certaines revendications de mai 1968, avec le soutien d'une partie de la droite. Ainsi de la loi sur l'IVG, la libéralisation du divorce, l'abaissement de la majorité à dix-huit ans, tout un ensemble de dispositions qui touchent la vie privée.

M. L. – Le « tout est politique » aboutit donc à des réformes plus individualistes…

R. R. – C'est sans doute un des paradoxes les plus forts de mai 1968 : d'une crise sociale va naître une nouvelle perception de l'individu, plus soucieux de ses droits que du destin collectif.

VI

La politique est toujours passionnante…

« Tout est politique », proclamaient les soixante-huitards.

Parmi les traits les plus forts de notre mémoire collective, l'attachement à la politique s'impose, et ce depuis longtemps. Faut-il le faire remonter à la monarchie de Philippe le Bel qui affirme le pouvoir de la Royauté face au pape, à la Révolution ou à la IIIe République ? A sa manière, le fait politique constitue bien un « lieu de mémoire » privilégié, pour reprendre l'expression de Pierre Nora, lieu d'affirmation de valeurs fortes, lieu de la parole ou des conflits, qui tisse notre manière d'être ensemble. Mais si Maurras pouvait avancer au début du siècle dernier la formule « Politique d'abord », si les idéologies ont souvent mené le monde, il n'en est plus de même aujourd'hui. Vivons-nous l'éclipse du politique, au profit de l'individu ou de l'argent ? Peut-on encore parler du bien commun, de l'esprit public, de l'engagement ou de la morale civique sans faire figure d'un républicanisme désuet ?

Nécessité du politique

Marc Leboucher – Comme observateur politique, René Rémond, vous avez consacré beaucoup de temps aux commentaires d'actualité dans la presse, dans les émissions de télévision, au cours des soirs d'élections autant qu'en travaux scientifiques. Depuis les années 68 marquées par le slogan du « tout politique », le thème du changement de société, les mentalités ont profondément évolué. Dès les décennies 80 et 90 l'individu a pris une place croissante, l'abstention s'est renforcée, le militantisme est en crise... Peut-on dire que la politique continue à intéresser ?

René Rémond – Je persiste à penser que, si celle-ci ne passionne plus, elle reste passionnante. Je la trouve toujours intéressante, pour deux raisons différentes. La première est l'importance du politique, je serais même tenté de dire sa nécessité. Aucune société ne peut en faire l'économie, parce que c'est par la politique qu'elle affirme une volonté propre. L'absence de politique collective conduit à subir : c'est par la politique qu'on peut au contraire maîtriser le cours de l'histoire et lui donner sens. La politique est la plus haute activité d'une société, son activité suprême. Elle vient récapituler tous les aspects de la vie sociale, les coordonner et les hiérarchiser. Telle est ma conviction profonde. Et cette conviction prend toute sa dimension en démocratie : par elle un peuple reste maître de son destin.

Seconde raison de ma passion : la politique est toujours surprenante. Les choses ne se passent jamais comme on pouvait le prévoir. Elle se renouvelle en permanence.

M. L. – La politique provoque le plaisir de l'observateur, même le plus sérieux ?

R. R. – Disons qu'elle comporte à chaque instant un élément de suspense, d'incertitude, qui pique la curiosité. Regardez ce qui s'est passé lors de la récente élection présidentielle : qui se serait attendu à l'élimination au premier tour du candidat socialiste et à la percée de Le Pen ?...

M. L. – Vous que la politique passionne, vous n'avez jamais été tenté par l'exercice direct de celle-ci ?

R. R. – Si je m'en suis tenu proche, à la fois par mes responsabilités, les contacts personnels et les consultations et comme observateur, je n'en ai jamais fait à proprement parler. On me l'a souvent proposé. J'ai toujours décliné ces invitations. Je n'aurais pu me plier à la discipline d'un parti : je suis trop conscient de la relativité des choix pour épouser inconditionnellement les positions d'une formation. Je suis un intellectuel : comme tel j'ai la faiblesse de penser que je suis plus utile à mes concitoyens et que mon rôle est plus efficace.

A suivre durant quatre décennies, depuis 1958, les consultations électorales, à la fois comme politologue et comme commentateur, j'ai constaté que le corps électoral français constitue un ensemble vivant. J'emploie à dessein cette expression de corps car je crois l'image juste. A sa manière il se comporte bien comme un corps, il réagit comme un organisme vivant et unique. Ses mouvements, ses évolutions, se font dans le même sens, du Nord au Midi, de l'Est à l'Ouest, en dépit des différences. Dans les consultations électorales, quel que soit leur objet – élections présidentielles, renouvellement de l'Assemblée, consultations référendaires –, le comportement du corps électoral apparaît explicable : même s'il peut déconcerter, parce que inattendu, il ne me semble jamais illogique. A le scruter, à l'analyser, on découvre une logique : il exprime une certaine volonté commune. Les choix du corps électoral ont souvent plus de bon sens que ceux de la classe politique, peut-être parce que celle-ci est amenée à réagir en fonction de l'instant, de façon souvent démesurée, par rapport à l'événement, comme la Bourse. A vivre en vase clos, le « microcosme », comme dit Raymond Barre, peut perdre le sens des proportions :

le corps électoral reste plus distancié. Dans ses choix essentiels il a fait preuve, au moins sous la Vᵉ République, d'une réelle capacité de jugement. A quelques exceptions près, le corps électoral sait discerner les candidatures significatives, sérieuses, et les autres.

M. L. – Est-ce toujours vrai aujourd'hui ? Les élections de 2002 ont montré en particulier un inquiétant éclatement. Crise de politique ou individualisme ? Perte du sens civique ou de la notion d'intérêt collectif ?

R. R. – Disons qu'avant l'évolution très récente que vous mentionnez, jusqu'au début des années 80, 90 % des suffrages se concentraient sur les grandes formations ayant un programme et vocation à gouverner : les deux composantes de la droite, RPR et UDF, et celles de la gauche, parti socialiste et parti communiste. Au second tour les suffrages se regroupaient bloc contre bloc. Les électeurs jouaient le jeu de la démocratie représentative. Ils se sont de nouveau comportés ainsi aux dernières élections. C'est à partir de la Vᵉ République que la société politique française est vraiment devenue une démocratie adulte. Et une démocratie apaisée qui a exorcisé la violence de la vie politique, quitte à la voir resurgir dans la société civile, à travers l'insécurité dont on parle tant. En politique nos concitoyens marquent une nette préférence pour l'apaisement, pour la concorde. C'est peut-être aussi une raison pour laquelle la politique ne suscite plus la passion…

Fin de l'exception française ?

M. L. – Nous vivons cette normalisation de la vie politique que décrivaient Furet, Rosanvallon, et Julliard dans leur livre *La République du centre*. C'est la fin de l'« exception française », de cette fièvre hexagonale dont nous parlions à propos des crises. La France devient semblable aux démocraties anglo-saxonnes, avec un système de bipartisme...

R. R. – Je ne souscris pas entièrement à leur analyse, qui me semble anticiper par trop l'avenir ou faire trop bon marché de quelques spécificités françaises. Il faudrait d'ailleurs relire cet ouvrage, quinze ans après sa publication, en 1988. A mon avis, ces observateurs se sont trop pressés d'annoncer que la vie politique en France ressemblerait, désormais, en tous points à celle des grandes démocraties, États-Unis, Grande-Bretagne, République fédérale allemande. Comme historien j'ai peine à l'imaginer, la vie politique étant largement tributaire de l'histoire. Les conditions dans lesquelles un peuple a fait l'apprentissage de la démocratie diffèrent d'un pays à l'autre : il en reste des traces dans les comportements collectifs ou individuels. Ainsi en Grande-Bretagne et aux États-Unis, la participation électorale est relativement faible mais, en revanche, le citoyen témoigne beaucoup de considération pour les élus, les membres de la Chambre des communes ou du Sénat américain, et accepte volontiers de décliner une identité partisane. Dans notre pays, c'est l'inverse : le Français attache du prix à la consultation électorale, mais n'aime pas les partis politiques, ne s'y engage guère, et a peu d'estime pour les élus.

M. L. – Ce discrédit, ce manque de considération pour les responsables politiques, n'est-ce pas un phénomène récent ?

R. R. – Pas du tout ! Il est presque aussi ancien que la vie politique. C'est l'héritage de traditions politiques qui remontent peut-être à la Révolution : la défaveur des élus date au moins du Directoire. Les députés sont systématiquement soupçonnés. Les Français préfèrent une démocratie directe à une démocratie représentative, d'où leur sympathie pour l'élection présidentielle au suffrage universel. Cependant le climat général a évolué positivement par l'acceptation de la démocratie et de ses conséquences, meilleur respect de la minorité, souci de s'en remettre au fonctionnement régulier des pouvoirs publics plutôt que de le bousculer, de renverser la table de jeu comme on faisait autrefois, par l'émeute et l'insurrection. C'est un changement profond dans la culture et le comportement politiques français…

M. L. – Les années 70 et 80 ont été marquées par le phénomène de la montée de l'individualisme, au point que ce concept recouvre des acceptions multiples, voire floues… Certains comme Luc Ferry ou Alain Renault ont parlé de la « pensée 68 ». Que pensez-vous de ce phénomène ? Est-il pertinent ? Le système politique ne risque-t-il pas d'éclater avec cet individualisme-là ?

R. R. – Certains sont allés plus loin encore que Ferry et Renault, en parlant d'« ère du vide ». Reconnaître ce fait ne me fait pas plaisir, vous vous en doutez : il va à l'encontre de mes convictions de démocrate qui estime que la démocratie requiert la participation des citoyens. La démocratie ne se définit pas seulement par l'élection de représentants du peuple, mais aussi par l'intérêt soutenu du citoyen pour la vie politique, sa participation active et ce, pas seulement de temps à autre par le dépôt d'un bulletin de vote dans l'urne. Mais je suis bien obligé de reconnaître l'évolution depuis une trentaine d'années : une forte poussée d'individualisme, qui n'est pas compensée par la référence à des valeurs auxquelles ordonner l'action de l'individu. De la revendication individualiste nous avons eu l'occasion de parler à propos de l'aspiration à l'autonomie pour les comportements religieux : l'individu prend conscience qu'il n'a qu'une vie dont la valeur est en conséquence absolue. Réussir cette vie unique devient un impératif. Alors que les générations antérieures avaient grandi dans l'idée que l'existence individuelle trouvait en partie sa raison d'être, sa dignité, sa justification dans le service de valeurs supérieures ! A ma génération, on enseignait encore, et nous n'en étions ni choqués ni traumatisés, que mourir pour la patrie était le sort le plus beau et le plus digne d'envie...

M. L. – Serait-ce encore possible aujourd'hui ?

R. R. – C'est toute la question ! Nous nous inscrivions encore dans une tradition immémoriale qui, à travers tous les régimes, y compris la République, faisait du service de la collectivité la référence suprême. Cette tradition n'excluait pas qu'on recherche aussi son bonheur personnel, mais dans le cadre de valeurs reconnues. L'attitude actuelle, en revanche, accorde à la vie un prix inestimable. C'est elle qui est sous-jacente à l'idée de la guerre propre avec zéro mort. Jusqu'à ces dernières années, les états-majors militaires n'avaient pas pour habitude de ménager tellement le sang des hommes. Envisager de sang-froid des morts est devenu inacceptable pour nos démocraties. Ce sentiment est encore plus contraignant aux États-Unis qu'en France.

La deuxième révolution individualiste

M. L. – Comment analyser historiquement cette poussée individualiste ?

R. R. – Je reprends volontiers une réflexion de Jean Boissonnat : nous vivrions une deuxième révolution individualiste. La première s'effectue en 1789, avec sa dimension politique, qui fait du citoyen la source du pouvoir. Elle traduisait la promotion de l'individu, mais dans la législation comme dans les comportements l'individualisme demeure contenu et ordonné à d'autres fins que lui-même. Les aspirations révélées par mai 1968, les revendications de liberté dans les mœurs, traduisent ces changements. Les générations antérieures pensaient de leur devoir de mettre au monde beaucoup de petits Français pour assurer la perpétuité de la nation ! Je ne pense pas que les couples le fassent aujourd'hui par référence à la démographie nationale. Ils revendiquent un droit à l'enfant. Ce qui était devoir envers la patrie est devenu droit du couple.

M. L. – Ce changement est pourtant globalement positif ! Les individus, les couples ont accédé à une fécondité maîtrisée et responsable. Et nos enfants, plus désirés, sont sans doute plus aimés…

R. R. – Ce qui m'inquiète à propos de ce renversement de perspective, c'est que les occasions pour l'individu de prendre conscience qu'il est membre d'une collectivité, citoyen d'une société politique, vont se réduisant. Ainsi le service national : il n'est pas douteux que l'instauration, voici quelque deux cents ans, du principe de la conscription a contribué au sens de l'intérêt général. Si le principe a d'abord rencontré des résistances, il s'est progressivement imposé : plus personne ne le contestait.

M. L. – Vous regrettez la suppression du service militaire obligatoire pour tous ? N'était-ce pas une perte de temps pour beaucoup, un coût pour les finances publiques, à un moment où la spécialité militaire devient de plus en plus technique ?

R. R. – La professionnalisation de l'armée était devenue une nécessité mais la suppression de l'obligation entraîne aussi la disparition d'une occasion d'effectuer un temps de service désintéressé qui faisait découvrir l'appartenance à une communauté à l'égard de laquelle on a des devoirs, pas seulement des droits. La fin de la conscription remet aussi en question une forme de coopération avec les pays du tiers-monde. A l'heure de la mondialisation, elle diminuera le rayonnement de la France à l'étranger. C'était l'occasion d'être présent dans le monde, d'apporter un concours désintéressé. C'est un recul de la générosité collective...

M. L. – Le sens civique est donc en voie de diminution... Devant les comportements d'incivilité, la croissance de l'abstention aux élections, la baisse d'intérêt pour la politique, ne doit-on pas redouter sa disparition ?

R. R. – Nous avons quelque raison de le craindre. J'en veux pour preuve un autre signe : la tendance des gouvernements, depuis quelques années, à exonérer de toute contribution visible aux charges publiques de plus en plus de citoyens. Aujourd'hui, c'est à peine la moitié des ménages qui paye un impôt. Loin de moi, certes, l'idée de récuser une exigence de justice sociale : il ne s'agit pas d'écraser sous les charges fiscales les couches sociales les plus modestes. Mais la tendance prévaut, en relevant le seuil des abattements, à exonérer de nouvelles tranches de contribuables. La contribution sociale généralisée, instituée par Michel Rocard, avait ceci de positif qu'elle était à peu près universelle. Je crois important symboliquement que chaque citoyen rédige une déclaration d'impôt, acquitte une somme même infime, pour qu'il ait conscience de participer à la vie publique. C'est ce qu'avait voulu la Révolution française en substituant au terme d'impôt celui de contribution. Chacun recevant beaucoup de la société, il n'est pas anormal qu'il le lui en rende un peu. Or, qu'aujourd'hui le fait que la moitié des ménages ne soit plus des foyers fiscaux supprime une expression de la citoyenneté. L'individu s'établit alors dans une situation de quémandeur, de consommateur, d'assisté, pensant qu'il est en droit de tout attendre de la société.

M. L. – La protection sociale est cependant positive... Elle a permis au plus grand nombre de se prémunir contre une forme de précarité et de profiter des fruits de l'expansion.

R. R. – Bien sûr, mais j'aimerais qu'elle s'accompagne d'une certaine réciprocité. Domine trop souvent un discours de la revendication : certains candidats aux élections invitent l'électeur à demander toujours plus. On exige par exemple le droit au logement mais est-ce une obligation pour la société de loger chacun ? La perversion de l'individualisme est de ne se reconnaître aucun devoir mais de demander à la société de pourvoir à tout.

Des « Trente Glorieuses » aux « années fric »

M. L. – Comment trouver un équilibre entre individu et bien commun ? Est-ce une vue de l'esprit, une utopie que d'y parvenir ?

R. R. – Je n'adhère pas à certain discours ultralibéral, qui reproche à la protection sociale d'étouffer l'initiative individuelle. C'est un devoir, pour une démocratie, de mettre en œuvre la solidarité à l'égard des plus démunis. Cela dit, on peut se préoccuper du déclin du sens civique, jusques et y compris sur le plan politique. Jusqu'à présent, la participation électorale atteignait des taux relativement satisfaisants. Mais je suis obligé de constater une désaffection que les élections de 2002 ont confirmée.

M. L. – Nous venons de parler des impôts, de l'argent… Mais quand même, ces années 80 et 90, n'est-ce pas une explosion formidable d'appétit d'argent ? « Les années fric », ont écrit certains… Nous pourrions, bien sûr, évoquer « les affaires » en matière politique ou le destin de Jean-Marie Messier… Comme si, d'une certaine manière, la passion pour la politique, la passion du bien commun avait reflué dans la sphère privée ou dans la recherche personnelle du bonheur ou du pouvoir…

R. R. – Cette avidité du gain, qui devient exclusive ou primordiale pour beaucoup, s'explique en partie parce que nous avons changé de société. Sans doute oublions-nous que l'opulence qui nous est familière est toute récente. Même les « Trente Glorieuses » dont parlait Jean Fourastié ne furent pas toutes des années de consommation effrénée ! Précisons à cet égard un point de chronologie. Si l'on considère que le premier choc pétrolier, en 1973, y a mis fin, elles auraient débuté en 1943. Dieu sait qu'à l'époque la France vit ses années les plus sombres. C'est la pénurie. Les restrictions se prolongeront, le rationnement n'a pris fin qu'en 1949. Ensuite, la société française s'est rapidement transformée à la fois dans son mode de vie et son niveau de vie. Jusque-là, la France est restée une société relativement pauvre, où l'abondance ne va pas de soi, où les rémunérations restent faibles. Au sortir de la Seconde Guerre mondiale, le salaire moyen en France est environ le tiers du salaire américain. L'ouvrier ne connaît pas le confort, n'est pas propriétaire de son logement, n'a pas de voiture. La révolution de l'électroménager n'a pas encore commencé, qui va tant simplifier la vie quotidienne. L'existence surtout dans les campagnes est encore fruste. Nombre de communes rurales n'ont pas encore l'électricité, ni l'eau courante…

M. L. – Nos générations habituées au confort peinent à concevoir cela…

R. R. – Sans forcer le trait, on peut dire que la société vit, avant la guerre, dans un cadre assez proche encore de celui de l'Ancien Régime. Pas question de s'offrir un voyage à l'étranger, par exemple, fait devenu banal pour le plus grand nombre. De vieilles habitudes de frugalité demeurent très vivaces, on ne gaspille pas, on ne jette rien, on réemploie le soir le pain qui n'a pas été consommé à midi, on ne remplace un costume que lorsque le précédent est usé, on n'achète pas à crédit…

En quelques décennies, ce contexte a été radicalement bouleversé : l'argent est devenu abondant, on est passé d'une société où il était rare, où chacun comptait, y compris dans les classes moyennes et la bourgeoisie, à un univers de l'abondance et de la facilité. Pour s'en rendre compte, il n'est que de voir la surprise des habitants des anciens pays communistes visitant nos grandes surfaces où tout est en abondance : ils ont connu, récemment encore, des conditions de vie proches de celles que nous connaissions autrefois. Ce bouleversement a favorisé une fascination de l'argent, une explosion des rémunérations dans certains cas. Ainsi les *stock-options*, qui permettent à un PDG, qui jouit déjà d'une rémunération substantielle, de recevoir ou d'emporter à son départ un supplément appréciable. Quel changement ! Par ailleurs, il n'y a pas si longtemps que la plupart des travailleurs manuels sont passés d'une rémunération horaire à la mensualisation : jusqu'au début des années 70, le plus grand nombre était payé à l'heure, comme les ouvriers de la onzième heure dont parle l'Évangile…

M. L. – Vous citez là une parabole évangélique qui s'est vue diversement interprétée. Est-ce que cette évolution, qui valorise l'appât du gain, choque le chrétien que vous êtes ?

R. R. – Si tel était le cas, ce ne serait pas parce qu'elle a conduit à abandonner des habitudes d'austérité qui ont perdu leur raison d'être, mais parce qu'elle traduit un changement de mentalité qui m'inquiète pour l'avenir, par exemple pour le choix d'une profession. Autrefois, pour un jeune diplômé, le montant de la rémunération n'était qu'un élément parmi d'autres dans le choix du métier.

M. L. – Vous croyez ? L'ambition et le goût de la richesse ont toujours existé, Balzac ou Stendhal n'ont cessé de les mettre en scène...

R. R. – J'ai connu naguère des générations d'étudiants qui attachaient plus d'importance aux satisfactions d'être fonctionnaire, enseignant, médecin...

M. L. – Vous évoquez là des notables... Mais il y avait aussi le curé !

R. R. – Entrait aussi en ligne de compte l'idée du service rendu. L'éducation concourait à valoriser l'idée de service, à l'image de ces personnages qu'on proposait en modèle aux enfants et aux adolescents, de figures illustres exerçant des activités désintéressées et qui présentaient des risques. Pasteur s'inoculant la rage, Charles de Foucauld, vivant au milieu des Touaregs, Saint-Exupéry traversant les océans, des explorateurs polaires comme le commandant Charcot, des pionniers de l'humanitaire tel Albert Schweitzer...

La vocation et le plan de carrière

M. L. – Mais de nos jours, les jeunes ne sont pas insensibles à l'engagement caritatif d'un abbé Pierre ou d'une sœur Emmanuelle. Et un missionnaire jésuite comme le père Ceyrac, qui vit en Inde au milieu des pauvres, rassemble toujours de larges publics de jeunes à chacun de ses séjours en France...

R. R. – Oui, mais ce sont des vocations personnelles. Ce qui me préoccupe, c'est la perte d'un esprit de service public. Dans les années 50, les étudiants de l'Institut d'études politiques reçus à l'École nationale d'administration avaient la conviction qu'il ne pouvait pas y avoir d'activité plus noble que le service public, incarnant une haute idée de l'État. La plupart n'avaient pas l'idée de pantoufler dans le secteur privé. Je me rappelle tel ou tel à qui de grandes entreprises, publiques ou privées, à leur sortie de l'ENA, offraient une rémunération quatre à cinq fois supérieure et qui l'écartaient. Depuis, je crains que ces préoccupations éthiques ne se soient émoussées. Beaucoup ont l'obsession du plan de carrière, selon l'expression à la mode.

M. L. – Aujourd'hui, malheur à qui n'a pas de stratégie de carrière dès le début d'un cursus universitaire ou professionnel... Mais pour autant, doit-on condamner tout esprit d'ambition ? Les grands serviteurs de l'État, les de Gaulle ou Mendès France, en ont eu eux aussi...

R. R. – Depuis quelques années, les hebdomadaires, *L'Express*, *Le Point*, peut-être un peu moins *Le Nouvel Observateur*, consacrent périodiquement une partie du numéro à dresser le tableau des secteurs les mieux rétribués, avec le montant des salaires. Comment ne pas y voir une incitation à faire entrer en première ligne dans ses choix de carrière les conditions de rétribution ? Quand on songe aux modèles proposés dans les années 30 ! Le contraste et cette incitation au gain expliquent que l'argent soit devenu à ce point tyrannique. Il est, bien sûr, légitime que chacun souhaite gagner correctement sa vie et assurer à sa famille le confort nécessaire, mais de là à s'enrichir à l'infini... Cette subversion des valeurs est un aspect de cet individualisme que nous avons mentionné.

M. L. – Je ne peux résister à vous poser une question : cette levée du tabou face à l'argent ne signifie-t-elle pas la fin de la culture catholique méfiante à l'égard de la richesse ? Saint Thomas d'Aquin disait déjà que « l'argent ne fait pas de petits », pour condamner le prêt à intérêt, et les romanciers catholiques comme Mauriac ou Bernanos ont critiqué avec violence l'âpreté de la bourgeoisie... Passe-t-on à un modèle protestant ? Ou franchement libéral ?

R. R. – C'est un lieu commun, erroné à mon avis, que d'opposer une culture catholique, méfiante à l'égard de l'argent, à une culture protestante, qui encouragerait l'enrichissement... Le puritanisme, l'austérité de vie sont aussi des traits de la culture protestante.

M. L. – Effectivement, les grands patrons catholiques, cela existe aussi !

R. R. – Je ne crois guère à la thèse de Max Weber, qui voit dans une certaine théologie de la Réforme l'explication de la dynamique du capitalisme. On trouve aussi dans les sociétés protestantes une même défiance de l'argent, et l'exemple aujourd'hui de pays catholiques qui connaissent une brillante expansion, l'Italie ou l'Espagne sans parler de la France, suggère que la réalité décrite par Weber correspond plutôt à une situation historique particulière. Aujourd'hui, dans le contexte de la sécularisation, la foi chrétienne, en perdant de son pouvoir sur la société, joue peut-être moins le rôle de contrepoids à la fascination de l'argent. Nous sommes entrés dans une ère où l'argent est abondant et de ce fait moins soumis aux censures d'autrefois.

M. L. – Et ces « affaires » qui touchent le monde politique ? Qu'en pensez-vous ?

R. R. – Elles accentuent le sentiment général de facilité. L'exemple de certaines personnalités, la médiatisation de chefs d'entreprises ou d'hommes politiques qui ont enfreint les règles, contribuent à la déculpabilisation. A mon avis pourtant, le phénomène de la corruption des puissants est largement surdimensionné. Son amplification par les médias entretient une vieille tradition de défiance des élus, dont on veut se persuader qu'ils sont avant tout mus par des considérations intéressées, et qu'ils se remplissent les poches. Notre mémoire collective se nourrit du souvenir des scandales, de Panama, de l'affaire Stavisky ou des caricatures de « L'assiette au beurre ». Or, cette mauvaise image ne correspond pas à la réalité. La grande majorité des politiques est honnête, beaucoup vivent modestement. Ils pourraient gagner plus ailleurs et la plupart ne succombent pas aux tentations auxquelles ils sont, il est vrai, plus exposés que d'autres... Mais l'idée est tenace de leur corruption, et les affaires judiciaires entretiennent cette idée reçue. Quand l'exemple de la transgression est ainsi donné, le citoyen peut se dire : pourquoi pas moi, après tout ? Tout conspire à faire sauter les verrous de l'éthique.

Où est passée la responsabilité ?

M. L. – Nous venons d'évoquer longuement l'individualisme, la tentation de l'argent, le déclin d'un certain esprit de service… Quel sens peut-on trouver encore à la politique dans ce contexte, en particulier à la notion de responsabilité ? Dans plusieurs articles récents sur l'évolution de la fonction présidentielle sous la Vᵉ République, vous montrez qu'elle est touchée, elle aussi, par un affaiblissement, un retrait de la responsabilité…

R. R. – De façon plus générale, il y a lieu de se demander si la politique conserve aujourd'hui le pouvoir qui était le sien. Elle était depuis 1789 l'activité suprême dont tout dépendait. Est-ce encore la réalité ? Le doute s'est insinué dans l'esprit public, et ce pour deux raisons.

D'abord, du fait d'une critique idéologique empruntée au marxisme, même par ceux qui ne pensent pas être marxistes, selon laquelle tout est commandé par l'économique : une vision globale, qui est à la fois analyse de société et explication de l'histoire, tend à faire de l'économie, donc de la recherche du profit et de la rentabilité, le moteur de l'histoire. Chaque fois que je fais une conférence sur la politique, je sais qu'on m'interpellera en ces termes : « A quoi bon s'intéresser à la politique ? De toute façon, elle est dans la dépendance de l'économique, les politiques s'agitent sur le devant de la scène, mais on sait bien que les décisions ne sont pas prises par eux ! Ce ne sont que des marionnettes dont on tire les ficelles. Le vrai pouvoir est aux mains des multinationales ! » Ce discours réducteur porte atteinte à la crédibilité de la politique et distille le doute.

M. L. – C'est la peur du « grand capital », agitée avec talent par Georges Marchais, voici quelques années…

R. R. – Ce discours est repris à travers le thème de l'antimondialisation. Il inspire le renouveau des courants trotskistes, comme chez Arlette Laguiller ou Olivier Besancenot. Plus d'un électeur en vient à se dire : à quoi cela sert-il d'élire un président de la République ? Le vrai pouvoir est ailleurs.

M. L. – Et la seconde raison ?

R. R. – C'est le fait qu'il n'y a plus de réelle souveraineté. Jusqu'à une époque récente, dans nos grands pays, les États étaient souverains, leurs décisions exécutoires sur le territoire national. La France, vivant relativement en vase clos, n'était pas très dépendante de centres de décision extérieurs, économiques ou politiques. Un changement de majorité ou de gouvernement avait des conséquences directes sur le destin collectif et les destinées individuelles. Ce n'est plus vrai aujourd'hui : la souveraineté avait disparu avant même que la mondialisation devienne ce qu'elle est, sous la contrainte, par la nécessité de l'élargissement des circuits économiques, par la volonté aussi des gouvernements, qui ont résolu d'abaisser les frontières et de s'intégrer dans des ensembles plus vastes.

En quarante ans, la situation a changé du tout au tout. Quand les citoyens français sont conviés par le général de Gaulle, en septembre 1958, à approuver ou à rejeter le projet de Constitution, le pouvoir est encore tout entier concentré dans l'État central : la décentralisation n'existe pas, et l'intégration européenne n'est pas amorcée, le pays vit quasiment en autarcie. Depuis, les frontières se sont abaissées, l'État a rétrocédé une partie de ses prérogatives aux collectivités territoriales, la réalisation du Marché commun a obligé les États à consentir des transferts de souveraineté.

M. L. – Est-ce alors l'économie qui impose ses lois, ou la volonté politique qui est première ?

R. R. – On ne le dit pas assez, mais l'Europe s'est faite plus par le droit, c'est-à-dire la volonté politique, que par l'économie. Nos juridictions ont toutes admis que le droit européen prévaut sur le droit national : le Conseil d'État, créé pour défendre les droits de l'État, a aujourd'hui comme première démarche pour tout projet de loi, de s'assurer qu'il n'est pas en contradiction avec le droit européen. C'est un complet renversement de nos conceptions politiques et de nos habitudes d'esprit. Conjointement, la décentralisation a remis en question la logique jacobine et centralisatrice qui prévalait jusqu'alors : le transfert aux collectivités locales d'une partie des attributions de l'État a entraîné une dispersion du pouvoir. On le cherche parfois sans le trouver...

M. L. – Les responsables peuvent-ils alors exercer leur liberté, garder un espace de choix ?

R. R. – Pour ce qui est de l'indépendance par rapport aux pouvoirs économiques, il est évident que la liberté du politique s'exerce dans un cadre restreint, avec des contraintes fortes. L'expérience faite par François Mitterrand, au début de son premier septennat, en 1981-1982, est éclairante : il croyait la volonté politique capable de modifier ou d'infléchir l'économie : il est allé dans le mur et a dû renoncer, en 1983, à l'essentiel du programme socialiste pour réintégrer le jeu du marché. Leçon de choses qui a convaincu les politiques, y compris à gauche, qu'on ne pouvait pas jouer avec les réalités et que la volonté devait tenir compte des contraintes objectives.

Mais l'économique est aussi dépendant du politique. Ils se tiennent dans une relation de dépendance réciproque. Les décisions politiques s'imposent à l'économie qui est obligée d'en tenir compte. La décision prise à Rome en 1957 de réaliser le Marché commun, elle est bien politique ! Ce ne sont pas les intérêts économiques, même si certaines considérations d'efficacité ont pu jouer, ce ne sont pas les groupes de pression qui ont conduit au traité de Rome : ce fut un choix éminemment politique... De même pour la monnaie unique : la décision s'est imposée aux acteurs économiques qui ont dû s'y plier. De même encore, quand un gouvernement décide de réduire la durée hebdomadaire du travail – comme pour les trente-cinq heures –, c'est bien une décision politique. Dieu sait qu'elle n'a pas eu l'heur de plaire à tous, mais les entreprises ont bien dû en tenir compte. Les rapports, on le voit, ne sont pas à sens unique, comme le prétend un marxisme élémentaire pour qui le politique ne ferait qu'obéir aux impératifs de l'économie.

Fin des grands « animaux politiques » ?

M. L. – Comme chercheur, comme expert, vous avez observé et côtoyé un certain nombre de politiques, vous en avez connu et rencontré, je pense à François Mitterrand, Michel Rocard, Jacques Chirac... Mais avec des personnalités comme François Mitterrand ou de Gaulle, n'est-ce pas la fin d'une génération de grands « animaux politiques » ? Y a-t-il toujours place, vraiment, pour l'homme politique, et pour l'individu comme origine et initiative du pouvoir ?

R. R. – Mettons d'emblée à part le général de Gaulle. Il est hors norme, servi par un destin exceptionnel, une personnalité qui ne l'est pas moins, portée par des circonstances qui lui ont permis de déployer son exceptionnalité.

Je me suis trouvé de fait approcher, pour des raisons diverses, beaucoup de politiques, de nombreux ministres, à des titres divers. Le jugement global que je porte sur eux est plutôt positif...

M. L. – Vous êtes décidément peu porté sur la critique...

R. R. – Pourquoi le serais-je ? La comparaison avec les classes politiques étrangères ne serait pas au désavantage de la France. Nos parlementaires sont dans l'ensemble de bonne qualité et relativement motivés. La plupart ont choisi ce métier par envie d'agir, avec une ambition noble. Certains leur reprochent ce trait de caractère, mais je ne vois pas pourquoi l'ambition politique serait plus suspecte que celle du chef d'entreprise qui cherche à gagner des parts de marché. Si l'on entre en politique, c'est bien pour être élu et tâcher d'exercer une parcelle de pouvoir.

M. L. – La classe politique vous semble globalement désintéressée...

R. R. – A mon avis, elle est plus motivée par l'ambition que par l'attrait des avantages matériels... Beaucoup ont besoin d'agir et croient à ce qu'ils font. Forts de leurs convictions, ils pensent sincèrement que la politique qu'ils préconisent est la meilleure.

M. L. – Les convictions n'empêchent pas cependant une ambition qui peut se dévoyer en carriérisme, voire en cynisme.

R. R. – Comme en tout groupe humain. On ne trouve pas anormal ailleurs de poursuivre des plans de carrière et de changer d'entreprise pour progresser. Pourquoi les politiques n'essaieraient-ils pas, eux aussi, d'articuler leur réussite personnelle avec leurs convictions ? On oublie aussi que le métier de politique exige dévouement, temps et compétences. Le métier dévore les hommes : certains y échouent, d'autres y réussissent. L'expérience est rude moralement et physiquement : il n'est pas donné à tous d'être un bon ministre ou un député efficace. Certains se montrent capables dans un secteur et échouent ailleurs : Édith Cresson avait sans doute échoué à l'Agriculture, elle n'a pas été un mauvais ministre au Commerce extérieur.

M. L. – Mais peut-on être vraiment généraliste, à partir du moment où tant de domaines requièrent désormais de la technicité, une compétence particulière ?

R. R. – On y est plus ou moins préparé, c'est indéniable. Qui ignore tout des problèmes juridiques risque de ne pas faire un bon ministre de la Justice. Mais le vrai politique est capable de réussir partout. Le métier exige d'abord une aptitude générale à étudier une question, à en saisir les données essentielles, à faire des choix raisonnables, puis à décider.

M. L. – La politique serait donc inscrite dans les gènes... Et certains y atteindraient vite le fameux seuil d'incompétence dont parlait Peters ?

R. R. – Un excellent ministre ne fait pas forcément un bon Premier ministre ! Et un bon Premier ministre ne sera pas nécessairement un bon président de la République. Les fonctions diffèrent et exigent des qualités spécifiques, qui ne sont pas nécessairement les mêmes. Être en charge d'un département ministériel est une chose, arbitrer entre les différents ministères en est une autre. Si l'on reprend la succession des chefs de gouvernement de la Ve République, on constate que certains se sont révélés de bons Premiers ministres, au plan technique, indépendamment de leurs choix politiques. D'autres ont été moins heureux : c'est un métier qui demande des compétences propres.

M. L. – Lesquelles ? Quelles sont les vertus propres à un bon Premier ministre, selon vous ?

R. R. – La fonction exige à la fois des qualités de sociabilité, pour bien travailler collégialement, mais aussi d'autorité. Il faut décider et imposer son point de vue aux autres, et le faire avec assez de doigté pour ne pas s'en faire des ennemis. Un métier fort délicat.

M. L. – Ce qui vous plaisait chez un Mendès France ?

R. R. – Oui, peut-être... Quand on approche un peu de la politique, on découvre aussi la distance qui sépare les projets et les intentions des réalités. A séjourner longtemps dans l'opposition par exemple, on finit par raisonner de façon utopique : on perd le contact avec le réel. La culture de gouvernement est un acquis. La pratique répétée de l'alternance, depuis 1981, a eu au moins ce résultat positif qu'elle a permis à la plupart des politiques, communistes compris, de passer par l'épreuve du pouvoir et de prendre conscience des contraintes de la réalité. On s'avise que tout n'est pas possible, on mesure aussi qu'il faut prendre le temps de préparer l'opinion. Beaucoup d'échecs s'expliquent par cette seule raison, l'absence d'une pédagogie qui tienne compte du facteur temps et prenne la peine d'expliquer à l'opinion les raisons objectives des choix effectués.

La durée et la pédagogie politique

M. L. – Une autre manière de parler du sens de la durée cher à votre cœur d'historien ?

R. R. – Rien ne s'accomplit de durable en démocratie sous la seule contrainte. Un pouvoir autoritaire peut faire l'économie de certaines démarches, réduire les délais, mais en démocratie, la moindre réforme demande à être d'abord débattue. Tout projet passe par une succession d'étapes, de délibérations. Il faut d'abord que le gouvernement se mette d'accord sur un texte. Ensuite ce sont la consultation du Conseil d'État, l'examen par les commissions parlementaires, le débat en première instance à l'Assemblée, la navette avec le Sénat, le retour à l'Assemblée, plusieurs navettes, la commission mixte paritaire, le vote en plénière, éventuellement le Conseil constitutionnel. Beaucoup de textes en restent là, qui ne sont pas applicables tant que n'ont pas paru les décrets d'application. Il faut souvent des mois pour leur publication. C'est ensuite à l'administration d'adopter les nouveaux textes dans sa pratique ordinaire. On conçoit qu'il ne faille pas moins de deux ou trois ans pour qu'une réforme devienne effective. Or, ce délai minimal n'est pas toujours compatible avec le rythme de renouvellement des instances politiques, les changements de Premier ministre, les renversements de majorité... Si les politiques ont bien une possibilité d'action, elle s'exerce dans des conditions difficiles. Ce que je déplore, c'est que rien ne soit fait pour faire comprendre au citoyen cette dimension du temps. La démocratie implique des délais.

M. L. – Régulièrement, on évoque le désintérêt des citoyens pour la chose politique, on s'alarme devant l'abstention aux élections... Le manque de pédagogie l'expliquerait, selon vous ?

R. R. – Il manque effectivement une pédagogie autour de cette dimension du temps nécessaire à la réflexion collective. Si l'on enseigne dans le cadre de l'instruction civique la place des institutions, président de la République, gouvernement, assemblées, elle ne fait pas comprendre en quoi consiste la décision politique et ce qu'est par exemple le processus d'un débat parlementaire, avec ses incertitudes et ses aléas : elle n'est pas seulement tributaire du résultat des élections, mais aussi de la stratégie des partis. Les médias n'expliquent pas assez. Or, l'idée que le citoyen se fait de la politique dépend presque uniquement des médias, de la télévision principalement. C'est là que s'effectue sa rencontre avec la politique.

M. L. – Pourtant la politique est par elle-même un média, par l'usage du verbe ou du théâtre. Elle peut donner lieu à des joutes ou des débats. Pourquoi n'arrive-t-elle plus, selon vous, à passer la rampe de la télévision ? Il y a pourtant une « politique spectacle », que Roger-Gérard Schwartzenberg dénonçait autrefois...

R. R. – Même si j'ai passé beaucoup d'heures dans les soirées électorales, à la télévision, je constate que la politique se prête mal à la médiatisation, parce qu'elle n'est pas visuelle. C'est une activité de l'esprit immatérielle. Comment faire comprendre un processus lent à des médias qui fonctionnent dans l'instant avec l'immédiateté de l'image ? Comment intéresser un citoyen au cheminement d'un texte législatif, remanié en commission parlementaire ? De tout ce travail obscur, ingrat, on ne nous montre rien, pas plus que de la procédure interministérielle ou d'un Conseil des ministres. De l'activité parlementaire, la télévision ne présente que la séance des questions et réponses ; ou bien ses caméras se fixent sur un hémicycle aux trois quarts vide sans montrer les parlementaires qui, au même moment, travaillent en commissions, réfléchissent sur le texte ; ou elles nous montrent des députés qui s'empoignent. Autant d'images à la fois réductrices et défavorables à la politique. Rien non plus n'aide le citoyen à comprendre le travail d'un cabinet ministériel et l'articulation avec les tâches des administrations centrales. Ce déficit d'information explique en partie le fossé grandissant d'incompréhension entre ceux dont la politique est l'activité professionnelle et l'ensemble des citoyens.

M. L. – Les « Guignols de l'Info » viennent parfois combler cette distance...

R. R. – Il faudrait s'interroger sur l'image qu'ils donnent du débat démocratique, même si la satire en fait aussi partie : quelle place faire à la dérision ? Il me semble que le citoyen est aujourd'hui devenu plus exigeant en matière d'information. Au XIXe siècle, il se satisfaisait d'élire son député tous les quatre ans. Cet acte ne suffit plus à le contenter. A l'heure d'Internet, du développement de la communication, il voudrait être constamment informé, consulté, associé. Mais ce nouvel appétit du citoyen n'est pas facile à satisfaire.

M. L. – Le risque n'est-il pas d'alourdir des procédures de décision déjà complexes, de court-circuiter les médiations déjà existantes ? Ou d'aboutir à une démocratie directe avec des consultations à répétition, comme en Suisse... Ce qui lasse aussi le corps électoral à la longue.

Le savant et le politique

R. R. – Ce qui est contesté aujourd'hui ce n'est pas la démocratie – plus personne ou presque ne préconise un autre régime –, c'est la représentation. Paradoxalement, ces électeurs, à qui il revient de choisir leurs représentants, ne les tiennent pas pour représentatifs. On bute là sur une aporie du fonctionnement démocratique. Ajoutons que le champ d'action du politique s'est beaucoup étendu et qu'il a pris aussi un tour de plus en plus technique. Il prend en charge des problèmes dont on n'imaginait pas jadis qu'ils puissent un jour relever de sa compétence : écologie, bioéthique, droit à la santé, clonage thérapeutique, euthanasie... Devant une telle technicité, une pareille complexité, le citoyen se sent dépassé, les politiques aussi.

M. L. – Le savant doit donc travailler avec le politique...

R. R. – L'ensemble de ces changements remet en cause la place de la politique dans la cité et suscite doutes et interrogations sur sa capacité effective d'orienter le destin des sociétés.

M. L. – Je sais que vous êtes un observateur prudent et bienveillant, mais quand même, il doit bien exister des modèles d'hommes politiques que vous préférez, d'autres qui vous sont moins sympathiques ?

R. R. – Pour s'en tenir à une période récente Michel Rocard a été un bon Premier ministre, son gouvernement a bien fonctionné, avec une équipe cohérente. Car l'entourage aussi a de l'importance, la personnalité du directeur de cabinet du Premier ministre, comme Jean-Paul Huchon ou Olivier Schrameck, compte beaucoup. Je regrette que l'action de Rocard ait été entravée par François Mitterrand. Il n'est pas allé jusqu'au bout de ce qu'il souhaitait accomplir, parce qu'il a constamment craint d'être du jour au lendemain limogé. Plus généralement, j'éprouve de l'estime pour ceux qui ont le courage d'entreprendre des réformes, qui s'attachent à les expliquer, comme Rocard amorçant la réforme des retraites, instaurant la CSG ou réglant le problème de la Nouvelle-Calédonie. Quelques années plus tôt, Raymond Barre avait essayé de faire de même. L'universitaire qu'il était resté y était peut-être mieux préparé. Trop souvent hélas ! les responsables ne pèchent guère par excès de pédagogie ou d'audace. C'est moins la lucidité qui fait défaut en général que le courage d'oser prendre des initiatives.

M. L. – D'où vient cette absence de courage ?

R. R. – D'un comportement électoraliste et de la crainte que ces mesures ne leur aliènent une partie de leur électorat. A cet égard, que Lionel Jospin ait différé toute réforme dans les deux dernières années de son gouvernement, qu'il ait reculé en plusieurs circonstances, comme devant la réforme du ministère des Finances, en sacrifiant Christian Sauter, est critiquable : par peur de mécontenter le personnel des Finances, il a manqué une occasion de conduire une mutation indispensable qui aurait réduit le coût de cette administration et l'aurait rendue plus efficace. De même, il n'a pas soutenu Louis Gallois pour la réforme de la SNCF par crainte de provoquer un mouvement social, à l'approche des élections. Or, les gouvernements sont faits pour effectuer les réformes nécessaires. S'ils les croient indispensables, il leur incombe d'en prendre la responsabilité, de les expliquer et de les faire aboutir.

M. L. – Certains y réussissent mieux que d'autres…

R. R. – Il ne faut évidemment pas procéder à la hussarde : à cet égard l'échec d'Alain Juppé en 1995 a été éclatant, même si sa réforme de la Sécurité sociale était positive et indispensable. L'erreur fut de vouloir passer en force et de charger la barque en y ajoutant deux ou trois autres réformes. Dès lors, l'entreprise était condamnée à l'échec. L'homme politique doit faire preuve de qualités autres que celles de l'idéologie ou de la pure action : de discernement, d'appréciation du possible.

M. L. – L'art du possible... Mais n'est-ce pas d'abord une belle formule ? Une visée finalement utopique ?

R. R. – Le rôle de l'homme politique, de la politique en général, est d'accorder le souhaitable et le possible. Certaines évolutions paraissent souhaitables, mais sont-elles réalisables à court terme ? Il faut donc être assez lucide pour entrevoir les réformes à faire et discerner aussi ce que l'opinion est en mesure d'accepter.

Faillite des idéologies

M. L. – Nous avons longuement réfléchi sur l'individualisme, la crise du politique et de la représentation. Mais n'est-elle pas en partie liée avec le déclin des idéaux, des idéologies ? Celui-ci a frappé d'abord le marxisme au début des années 70, et puis ensuite, finalement, le libéralisme. Comment analysez-vous cela ? Pour impulser l'action, la politique n'a-t-elle pas besoin d'une dose minimale de sens, de direction ?

R. R. – L'idée d'un déclin des idéologies n'est pas nouvelle. Elle est récurrente mais elle présente plus d'actualité aujourd'hui. Le phénomène idéologique suscite une réaction hostile, le terme a pris une connotation négative. Ce discrédit est la conséquence de la prise de conscience de la malfaisance des systèmes idéologiques. Le marxisme-léninisme en premier qui a représenté l'idéologie la plus achevée, constituée en système. Le marxisme-léninisme a été en Union soviétique et dans les démocraties populaires une véritable religion d'État à dimension totalitaire. Pour faire carrière il fallait lui donner des gages. Dans les universités, l'idéologie marxiste-léniniste était l'objet d'un enseignement obligatoire et donnait lieu à évaluation, l'équivalent de ce qu'était, dans les sociétés religieuses, le « billet de confession ».

Il y eut surtout la découverte des crimes dont l'idéologie était tenue pour responsable. Cette doctrine, qui avait l'ambition de faire le bonheur de l'humanité, qui procédait de l'intention de mettre fin à l'aliénation, à l'oppression, a abouti au goulag et fait le malheur de l'homme.

M. L. – D'aucuns pourraient y voir une intention diabolique…

R. R. – Cette dernière nous remet en face de la question du mal. Ce renversement, Jean-Paul II l'avait souligné à peu près en ces termes, lors de son premier voyage en France en 1980. Il se demandait par quel mystère une idéologie dont l'inspiration première était généreuse aboutissait à un résultat si contraire. Les opinions publiques reprochent aux idéologies leur dérive totalitaire et inclinent au rejet des systèmes. De tout système : les systèmes de pensée, mais aussi les systèmes institutionnels. Ce rejet qui procède de l'individualisme analysé plus haut touche également les systèmes religieux : les Églises souffrent aussi de cette suspicion, de cette désaffection qui atteint la pratique et leur enseignement moral. On se construit soi-même sa propre religion…

M. L. – Et ce déclin a touché en plein cœur cette grande Église séculière qu'était le Parti communiste français…

R. R. – Il y a lieu d'être stupéfait devant pareil effondrement ! Aux dernières élections il a perdu les deux tiers d'un électorat qui n'était déjà plus que résiduel. Pour les vieilles générations, l'entrée au Parti communiste signifiait l'adhésion à un système dont on attendait qu'il apporte une réponse à toutes les questions, pour l'organisation de la société comme sur le sens de l'existence, et on y entrait comme en religion.

M. L. – Alors, peut-on dire que les idéologies ont vécu, qu'elles ont fait leur temps ? Un bilan globalement négatif ?

R. R. – Est-ce la fin de la fonction idéologique comme d'autres évoquent la fin de la religion ou du christianisme ? Personnellement, je ne le crois pas, car je doute qu'on puisse en politique faire l'économie d'une vision d'ensemble. La politique est inséparable d'une approche globale, sinon d'une idéologie constituée en système...

Et le libéralisme ?

M. L. – Évoquant les idéologies et leur crise, vous n'avez pas cité le libéralisme. Il comporte pourtant lui aussi une vision positive au départ, fondée sur la libre initiative et l'individu... qui peut dériver en cynisme en écrasant les personnes...

R. R. – Vous avez raison de l'introduire dans notre réflexion, car le libéralisme est aussi une philosophie globale. Si la vague libérale a été forte en Angleterre et aux États-Unis, elle provoque aujourd'hui un réflexe de rejet et suscite un front du refus en Europe continentale et en France. La mobilisation antimondialisation est, en grande partie, rejet de la philosophie libérale. Ainsi est-ce pour le Parti communiste, au lendemain de son échec aux élections, un moyen de rebondir que de participer au combat contre l'ultralibéralisme.

Pour en revenir à la fonction idéologique, la politique est par nature globale : elle inscrit la réponse à des problèmes particuliers dans une vision d'ensemble. Ainsi de la répartition des ressources : quel acte plus politique que l'élaboration d'un budget ? Des choix s'imposent : privilégiera-t-on la défense, la sécurité ou la recherche et la culture ? Ces choix se font en fonction d'une stratégie globale et de finalités.

M. L. – La sécurité ou la liberté ? Le beurre ou les canons ? L'éducation ou les autoroutes ?

R. R. – Selon ce qu'on estime être le devoir de l'État. A droite l'accent sera mis sur la sécurité qu'on estime être une demande primordiale, la réponse première de l'État étant d'assurer la sécurité des personnes et des biens. Mais on peut lui assigner d'autres priorités ! Les choix ne sont pas dictés par les seules conditions de rentabilité ou des critères d'efficacité, ils correspondent à des options sur les objectifs qui se réfèrent elles-mêmes à une certaine idée de la société. Les visions ne sont pas toujours homogènes ni à droite ni à gauche. Ce qui explique qu'il y ait de part et d'autre une pluralité de composantes. Entre les socialistes et les Verts par exemple il y a des différences d'appréciation, les Verts attachant une importance toute spéciale à la protection de la nature, les socialistes étant plus préoccupés de la préservation des emplois…

M. L. – Cela nous ramène à ces grands clivages droite-gauche auxquels vous restez très attaché…

R. R. – Quand il faut décider si l'on ferme ou non une usine, comme après le drame de Toulouse, la question ne peut être tranchée qu'en fonction d'objectifs plus généraux. A droite aussi, on perçoit entre la droite libérale, la droite autoritaire et la droite démocrate d'inspiration chrétienne, des différences notables dans la conception du rôle de l'État, de la protection des individus, de la place à faire à l'initiative individuelle. Ces différences d'inspirations s'inscrivent dans des philosophies – pas nécessairement des idéologies –, des philosophies plus ouvertes, qui ne constituent pas des systèmes aussi contraignants que ceux qui nous ont marqués. Le temps des idéologies constituées en systèmes rigides et dégénérant en régimes totalitaires me paraît clos. C'est tant mieux. On peut espérer que l'histoire ne connaîtra plus de régime totalitaire, que tous accepteront la distinction entre public et privé, respecteront l'autonomie de la sphère du privé. Mais on ne fera pas l'économie de choix sur les fins de la société. Il faut donc bien qu'il y ait des philosophies...

M. L. – Récemment, un philosophe pourfendeur de la « pensée 68 » vient d'être d'ailleurs nommé ministre de l'Éducation nationale, Luc Ferry...

R. R. – La place réservée à la réflexion philosophique dans l'éducation me semble essentielle. Ce n'est pas une exigence de pure intellectualité. Si les citoyens n'ont pas de repères et de critères philosophiques et éthiques, leurs choix politiques risquent de se faire uniquement en fonction d'intérêts ou de motivations démagogiques. Si je me réjouis que les idéologies aient perdu de leur pouvoir, je ne peux pas imaginer une politique qui ne se référerait pas à des objectifs plus nobles.

M. L. – N'est-ce pas une vision utopique, là encore ?

R. R. – La véritable utopie, à mon sens, réside plutôt dans l'idée d'une politique qui serait purement positive, un peu comme l'avait imaginée Auguste Comte, qui ne fasse de choix qu'en fonction de considérations techniques. La consultation des techniciens est à l'évidence indispensable : c'est à eux de dire si un projet est réalisable ou pas. Mais à partir de leurs avis, c'est aux politiques de choisir entre les solutions possibles. Il faut aussi donner la parole au citoyen, même s'il ne dispose pas du même degré d'information. La récusation systématique des idéologies pourrait entraîner une confiance inconditionnelle dans la compétence des experts. Ce serait la négation de la démocratie qui postule que tout citoyen est qualifié pour prendre position sur les choix fondamentaux. Le procès des idéologies est sans doute opportun, peut-être même salutaire, mais il ne doit pas aboutir à la disqualification de la fonction philosophique.

Réveil de l'extrême droite

M. L. – L'observateur a cependant le sentiment qu'à certains moments de l'histoire, l'idéologie occupe une place plus forte : durant ces dernières décennies, on pense spontanément à mai 1968, à l'Union de la gauche jusqu'en 1981-1983... Pensez-vous que la poussée du Front national en 2002, période de démobilisation politique, corresponde à une montée idéologique ? Qu'en pense l'historien des droites en France ?

R. R. – L'extrême droite en France se réfère incontestablement à une idéologie propre, relativement articulée. Sans qu'on puisse parler d'un système de pensée très élaboré, l'affirmation de la préférence nationale s'inscrit bien dans une démarche idéologique, avec une échelle de valeurs dont le degré suprême est l'identité nationale avec ses conséquences pratiques, définie de manière unitaire. Elle emprunte des éléments à une tradition qui n'est pas toute d'extrême droite mais se réfère à la conception jacobine.

M. L. – Le Pen a récupéré là une tradition qui n'est pas la sienne et venait même de la gauche...

R. R. – La préférence nationale ainsi proclamée entraîne à la fois l'exclusion de ceux qui ne possèdent pas la nationalité française et l'opposition à toute construction transnationale. D'où l'idée de sortir de l'Europe, qui apparaît totalement irréaliste... A l'opposé, s'exprime une idéologie qui oppose à l'unité nationale l'universalité : il ne peut plus y avoir de souveraineté, le seul moyen pour un pays de continuer à jouer un rôle passe par son intégration dans un ensemble plus vaste. Cette dernière conception s'accompagne généralement de l'acceptation de la pluralité : on reconnaît des droits à ceux qui sont différents. On va même jusqu'à exalter la différence. Dans les manifestations qui ont suivi le premier tour de l'élection présidentielle en 2002, l'accent a été mis, peut-être à l'excès, sur le rejet de la xénophobie, du racisme, de l'antisémitisme, et l'acceptation en contrepartie de la diversité et du métissage.

M. L. – Nous voilà revenus à l'opposition des blocs...

R. R. – Deux idéologies se sont en effet affrontées au soir du premier tour. Le choc dépassait des choix politiques pour se situer dans un débat proprement philosophique et éthique. Ce fut plus un sursaut civique de la société civile que du monde politique. Presque toutes les composantes de la société civile sont sorties de leur réserve. L'Académie des sciences, le MEDEF, les organisations syndicales et jusqu'aux présidents d'université, tous ont cru de leur devoir de se prononcer : le choix n'était pas partisan et ne se situait pas dans une alternative entre droite et gauche. Avec la menace de l'extrême droite se trouvaient impliquées des valeurs fondamentales : en votant Front national, on allait à l'encontre des traditions nationales, des textes constitutifs, de la Déclaration des droits de l'homme. La menace a « repolitisé » le pays. Comment prétendre encore que la politique laisse les Français indifférents ?

Les sondages d'ailleurs en apportent la preuve : quinze jours avant le premier tour, 80 % se disaient indifférents aux élections. Mais après le premier tour des élections présidentielles, ils n'étaient plus que 20 %. Le choc provoqué par la surprise du premier tour a bousculé les idées reçues et réactivé des comportements traditionnels. C'est un fait culturel que les Français attachent à la politique généralement plus d'attention qu'en d'autres pays, du fait d'une histoire rythmée depuis deux cents ans par les changements de régimes et les révolutions. Mais depuis quelques années, ils s'étaient comme éloignés de cette tradition : ils ne croyaient plus que la politique les concernait. Peut-être à cause du consensus entre droite et gauche, d'une part, et de la technicité des nouvelles questions, d'autre part, rebutante ou dissuasive. Ils n'étaient pas certains non plus que la politique avait quelque effet. Or, ils ont pris soudain conscience que leur vie même pouvait en être affectée…

M. L. – Une expérience pédagogique, vous qui aimez tant ce mot… Et sans doute aussi un mouvement de défense de la République qui rappelle certaines heures de gloire de notre passé ?

R. R. – Ce fut une expérience des plus instructives, surtout pour les plus jeunes, dont c'était la première rencontre avec le politique. Quinze jours plus tôt, la politique les laissait indifférents. Le choc causé par la percée de Le Pen les a éveillés. Il me paraît positif qu'on ne se soit pas borné à diaboliser – peut-être à l'excès – le Front national, à dénoncer le danger, mais qu'on en ait déduit une conséquence pratique, en appelant à voter, alors que le vote avait souvent chez les jeunes mauvaise réputation. Les étudiants par exemple participent très peu aux élections pour la désignation de leurs représentants aux conseils d'administration des universités, ils laissent à d'autres le soin de gérer ce qui les concerne directement. Cette génération restera, je pense, marquée durablement par cette rencontre avec la politique.

M. L. – Comme vous l'avez été, peut-être, par votre engagement à la JEC ou dans la Résistance.

R. R. – Il faut aussi reconnaître le mérite des leaders politiques qui ont su montrer aussitôt le chemin. Ce n'était pas si facile pour les dirigeants de la gauche plurielle de dire qu'il fallait voter pour celui qui était, une heure plus tôt, l'adversaire à combattre : Jacques Chirac. Or, Noël Mamère, Martine Aubry, François Hollande, Dominique Strauss-Kahn l'ont fait dans l'heure ; le Parti communiste de même, un peu plus tard. Je ne sais si l'on mesure ce que cela représente de lucidité et de courage pour surmonter sa propre déception. Mais les électeurs les suivraient-ils ? Ils ont suivi massivement : des écologistes au Parti communiste, et jusqu'aux trotskistes, qui d'habitude renvoient dos à dos gauche et droite. Ce qui prouve, de la part des électeurs français, notamment de gauche, de la maturité et un sens de la responsabilité. Ils ont compris que la politique consistait à faire des choix, qui pouvaient parfois être douloureux, que l'abstention ou le vote blanc faisaient le jeu de l'adversaire. Je regrette au passage que la droite ait manqué une occasion historique de manifester son attachement aux valeurs républicaines, en ne s'associant pas aux grandes démonstrations. Elle a raté un rendez-vous avec l'histoire et avec le peuple. La droite était absente : aucun de ses leaders n'était présent, alors que la manifestation, par son ampleur, débordait largement le cadre des formations politiques.

M. L. – Mais certains leaders de droite ont prétendu que manifester ne faisait pas partie de leur culture politique…

R. R. – C'est manquer singulièrement de mémoire et oublier que, à l'appel du général de Gaulle, le 30 mai 1958, la droite est bel et bien descendue dans la rue…

VII

La France est-elle toujours catholique ?

En ce début du IIIe millénaire, au rebours de ce que pouvaient pronostiquer certains sociologues ou historiens, et d'une sécularisation indéniable, les religions n'ont pas disparu de notre paysage collectif. Même si le contexte a beaucoup changé, même si les forces religieuses se recomposent, reste que la question spirituelle elle-même demeure, pensée en des termes nouveaux. Le catholicisme fait l'expérience du fait minoritaire, tout en restant majoritaire globalement ; la communauté juive exprime des craintes et des attentes nouvelles ; l'islam peine à s'organiser d'une manière plus institutionnelle, en dépit des efforts des politiques ; enfin, par ailleurs, les traditions de sagesse asiatiques percent peu à peu... Un siècle à peine après la séparation des Églises et de l'État, qui pouvait prévoir que l'espace de laïcité serait à redéfinir en fonction de données nouvelles ? La République peut-elle tout à fait ignorer Dieu ? Plus largement, la société française prend davantage conscience de l'héritage culturel du christianisme qui marque son identité, sa mémoire.

La fille aînée de l'Église, autrefois...

Marc Leboucher – Si la France n'est plus la fille aînée de l'Église dont on parlait autrefois, peut-on dire encore que celle-ci garde toujours une identité catholique ? Votre consœur à l'Académie française, Hélène Carrère d'Encausse, me disait cela l'autre jour : finalement, la France sera de toute façon toujours une nation marquée par le catholicisme, comme la Russie l'est par l'orthodoxie...

René Rémond – Cette marque du catholicisme fait incontestablement partie de son histoire, et il n'y a plus aujourd'hui grand monde pour le nier. Si certains autrefois voulaient que l'histoire de France ne débute qu'en 1789, pour pouvoir récuser tout ce qui était antérieur, à commencer par la référence religieuse, presque tous à présent reconnaissent cette composante de notre patrimoine comme un élément non négligeable de l'identité nationale.

Mais au-delà d'une telle affirmation de principe, quelles conséquences pour la conscience collective et les comportements privés ? Je suis assez tenté de penser que le religieux a encore de l'influence. Les problèmes internes et les crises du catholicisme ne laissent pas l'opinion tout à fait indifférente, comme si jusque dans l'animosité ou l'hostilité se traduisait une relation amour-haine ou un sentiment de dépit amoureux. Tel conflit revêt une dimension nationale, comme la crise des prêtres-ouvriers : elle n'opposait apparemment que moins de deux cents prêtres à Rome et pourtant c'est toute la France qui s'est émue, le parti communiste n'étant pas le dernier à se prononcer sur la chose. Un débat de stratégie pastorale a passionné bien au-delà des fidèles. De même, plus près de nous, l'affaire Gaillot.

Ces manifestations d'intérêt me semblent signifier que beaucoup se sentent impliqués ou sont déçus que l'Église ne corresponde pas à ce qu'ils en attendent. Cette exigence à l'égard de l'Église catholique est sans doute plus étendue que son influence directe. C'est la même chose quand un ecclésiastique est soupçonné de pédophilie : voyez le retentissement du procès de Caen. L'opinion ne pardonne pas de tels comportements à un prêtre. C'est admettre implicitement que l'Église catholique n'est pas une institution tout à fait comme les autres.

Il ne me paraît donc pas erroné de dire que subsiste encore un lien particulier entre la France et le catholicisme romain. Il n'y a rien de tel pour les autres confessions qui restent minoritaires. En témoigne le langage courant : on parle de « l'Église », un point c'est tout, au singulier, sans jamais préciser qu'il s'agit de l'Église catholique, comme si elle était la seule. Je comprends l'agacement des chrétiens réformés qui ont la conviction d'être aussi une Église.

M. L. – Ils n'ont pas tort…

R. R. – Les réformés rappellent en toute occasion qu'ils constituent également une Église, ce qui n'empêche pas les médias, les politiques, l'opinion de continuer à dire « l'Église », comme s'il n'y en avait qu'une, celle dont le sort a été lié depuis des siècles, pour le meilleur et pour le pire, à notre histoire nationale.

M. L. – Ce qui ne signifie pas nécessairement l'acceptation personnelle de la foi chez tous ceux qui se déclarent catholiques…

R. R. – Il faut distinguer ce vague sentiment d'appartenance à une tradition qui fait partie de l'héritage, de l'adhésion à l'enseignement de l'Église, de la croyance à ses dogmes et de la fidélité à sa pratique. C'est une grande nouveauté que cette distanciation. L'Église fait partie du paysage : elle assure une sorte de « service public du spirituel ». Toute municipalité, quelle que soit sa couleur politique, a à cœur d'entretenir l'église-édifice, lieu symbolique de la cohésion de la commune. Chaque évêque peut témoigner que, s'il est contraint de retirer un prêtre d'une paroisse, il recevra une démarche du maire et du conseil municipal lui demandant de maintenir un curé.

M. L. – Et la revendication sera identique pour le maintien de l'école ou du bureau de poste. On veut sauvegarder un minimum de lien social et assurer des services minimaux à la population... Mais est-ce vraiment une demande d'ordre religieux ?

R. R. – Il est difficile de faire la part de sentiments mêlés. Ce réflexe de maintenir à tout prix une paroisse vivante est particulièrement net dans le monde rural. Que l'on soit croyant ou non, l'église fait partie d'une image de notre pays comme la reprise de la chanson de Charles Trenet *Douce France* par les mouvements antiracistes. L'affiche électorale de François Mitterrand en 1981, avec le village rassemblé autour de son clocher, ne signifiait pas autre chose.

Catholiques et Français toujours ?

M. L. – Mais ce lien privilégié entre France et catholicité, reconnaissez quand même qu'il a pris, et pour longtemps, une connotation réactionnaire : le refrain « Catholiques et Français toujours ! » se voit toujours repris par les catholiques traditionnels. Et Jean-Marie Le Pen ne perd pas une occasion de récupérer Jeanne d'Arc... Que pense l'historien des droites de cette image si conservatrice ?

R. R. – Il s'agit là d'une identification du religieux au politique réductrice du catholicisme. Les remous et les contestations à l'occasion du quinzième centenaire du baptême de Clovis en 1996 ont montré que sur ces questions se distinguent au moins trois attitudes. Celle d'abord d'une minorité anticléricale, qui a combattu l'idée même d'une célébration au motif que Clovis ne fait pas partie de l'histoire de la France dont l'identité ne se serait constituée qu'avec la Révolution. Ainsi du Réseau Voltaire, qui atteste la pérennité d'une sensibilité anticléricale virulente, mais très minoritaire à en juger par le peu d'écho. A l'opposé, le catholicisme traditionaliste proche de l'intégrisme, qui reste imbu de l'idée d'une symbiose totale entre la France et l'Église : la France n'est la France que catholique. Ni l'une ni l'autre de ces positions n'ont été celle de la très grande majorité des Français catholiques ni de l'Église elle-même. Ils célèbrent certes ce passé prestigieux, mais renoncent à la prétention que la seule France soit la France catholique. Ils acceptent la pluralité des croyances et que la foi catholique s'inscrive dans le cadre juridique de la laïcité.

M. L. – Vous sembliez tout à l'heure faire une distinction entre les minorités... N'est-ce pas arbitrairement distinguer entre des familles d'esprits toutes respectables ? Est-ce la faute des protestants s'ils sont minoritaires ? Est-ce la faute des musulmans s'ils sont aujourd'hui plus nombreux suite à la politique d'immigration de la France ou à son passé colonial ?

R. R. – Il n'est pas question pour moi de porter des jugements de valeur sur les autres traditions, à plus forte raison de leur contester le droit d'exister pleinement dans notre société. Reste que le catholicisme n'est pas tout à fait une religion comme les autres, ne serait-ce que pour une raison statistique. Il n'y a pas de commune mesure entre ce que la communauté catholique représente dans la population et les autres. Il y a 46 ou 47 millions de baptisés dans l'Église catholique sur 60 millions et 69 % des

Français se disent catholiques. Le rapport aux autres groupes religieux est de un à dix, vingt ou trente. Le catholicisme est encore un fait massif, voire majoritaire : c'est l'aboutissement d'une histoire de quinze siècles. De même les Églises protestantes sont héritières de tout le passé chrétien : elles ne datent pas seulement du XVIe siècle. L'islam, lui, ne peut pas se prévaloir en France d'une ancienneté comparable, ni les religions venues d'Asie.

M. L. – Publié au moment de la polémique sur la Charte européenne et les origines religieuses de l'Europe, notre livre *Le christianisme en accusation* a provoqué dans l'opinion un débat inattendu sur la place du christianisme dans la société. Comment expliquez-vous cet accueil ?

R. R. – Le livre a tout de suite pris son autonomie par rapport à notre projet initial, qui portait surtout sur le discrédit intellectuel dont nous pensions que le christianisme était l'objet. Il a connu une audience surprenante, qui n'a pas seulement dépassé notre propre attente : elle s'est révélée bien supérieure à l'audience ordinaire d'un livre traitant de pareil sujet et diffusé par une maison d'édition religieuse. Il est sorti presque aussitôt du cercle dans lequel est généralement confiné tout ouvrage traitant de sujets religieux. L'opinion et les médias ont bien compris que ce n'était pas une revendication confessionnelle, la récrimination d'un groupe de pression, mais que le propos de l'ouvrage était de poser un problème de société, que la question s'adressait à la fois aux chrétiens et à l'ensemble du corps social. Quelle doit être la reconnaissance par la société civile et politique – j'insiste sur les deux épithètes parce que le problème n'est pas seulement politique, celui des rapports entre la hiérarchie catholique et les pouvoirs publics – du fait religieux, et de ce qu'il représente ? Comment instaurer des relations qui ne soient viciées, ni par le cléricalisme ni par une laïcité intolérante ? Il faut croire que le moment était bien choisi pour en débattre : il y avait probablement une interrogation latente et une disposition à l'entendre plus grandes que nous ne croyions. Depuis le succès de ce livre, j'hésite à dire encore que le christianisme est vraiment méconnu, puisque nous avons été entendus…

M. L. – Vraiment ?

R. R. – Paradoxalement, nous avons été presque mieux compris de l'extérieur que de l'intérieur du monde chrétien. Ce fut un autre sujet de surprise qu'il ait fallu plus longtemps à nombre de milieux catholiques pour reconnaître le bien-fondé de ce que nous disions. Des faits sont venus inopinément étayer notre propos comme le débat que vous évoquiez sur la Charte européenne. Nous nous garderons de tout triomphalisme et d'une suffisance qui nous ferait croire que nous avons fait bouger l'opinion publique, mais nous avons des raisons de savoir que nous avons été lus et entendus par les responsables publics, ce qui a peut-être contribué à instaurer des relations un peu différentes entre l'Église et l'État.

Un cadre nouveau pour la laïcité

M. L. – Alors, comment définiriez-vous ce nouveau cadre de la laïcité ? Nouvelle convivialité, nouvelle tolérance ?

R. R. – Par un souci d'équilibre et d'équité d'abord : ne pas accorder plus aux Églises qu'aux autres composantes de la société, mais pas moins non plus, et ne pas pratiquer à leur encontre une discrimination qui serait négative. L'évolution a été accélérée par la question spécifique du statut de l'islam : les gouvernements s'engageant dans une voie qui reprend la vieille politique des cultes reconnus, antérieure à la Séparation, comment ne pas accorder au catholicisme la même reconnaissance qu'à l'islam ? L'irruption de l'islam avait eu pour première conséquence de raviver la défiance laïque qui a réagi en dénonçant une trop grande tolérance à l'égard du fait religieux, à commencer par le christianisme. Quinze ans plus tard, l'opinion a mûri, elle s'est convaincue qu'on ne peut refuser à l'islam la liberté de culte mais on ne peut lui accorder plus qu'aux autres religions. Du coup, la nécessité s'impose d'une évolution vers des relations apaisées avec toutes les familles religieuses et en premier lieu, l'Église catholique.

Le tournant de Vatican II

M. L. – On célèbre cette année les quarante ans du concile Vatican II (1962-1965), lancé par Jean XXIII et achevé par Paul VI. Ce concile d'aggiornamento, d'ouverture au monde, souhaité par les papes eux-mêmes a été salué par le général de Gaulle comme l'événement majeur du XXe siècle. Mais qu'a-t-il changé dans le vécu concret des catholiques de France ? Le grand public n'en a retenu souvent que la messe en français et l'abandon de la soutane, changements qui ne sont que des conséquences mineures du Concile…

R. R. – Une des grandes intuitions de Vatican II a eu des incidences directes sur les relations des catholiques avec la société civile et politique. Dès lors que l'institution ecclésiale ne se présente plus comme la seule vraie religion, qu'elle admet une certaine pluralité de la recherche spirituelle en même temps que l'autonomie des réalités séculières, de nouveaux espaces de dialogue peuvent s'ouvrir dans la société française. La République ne s'oppose plus à l'Église catholique comme aux dernières années du XIXe siècle. La société civile et politique reconnaît la contribution du fait religieux à l'identité et à la culture. Hormis quelques irréductibles, il n'y a plus de rejet global du christianisme. A preuve la récente rencontre à Matignon entre le Premier ministre, le ministre de l'Intérieur d'un côté, et la présidence de la Conférence épiscopale, accompagnée du nonce apostolique… Du jamais vu dans notre pays, de manière aussi publique et en présence des photographes. C'est le point de départ de séances de travail régulières et le signe d'une évolution notable. Le gouvernement ne se borne pas à constater la réalité du fait religieux ni ne se contente d'une simple neutralité extérieure. Il ne croit plus qu'il soit contraire à la laïcité d'entretenir des relations de travail avec les responsables des Églises pour examiner les questions qui relèvent d'un souci commun. C'est l'achèvement d'une évolution séculaire des relations entre l'Église et l'État, qui s'est ouverte par le conflit et se conclut dans l'apaisement…

M. L. – Le dialogue avec l'Église serait donc plus facile que celui de l'État avec les partenaires sociaux ?

R. R. – Peut-être… En tout cas, dans ce domaine, pour parler familièrement on revient de loin. Auparavant, les négociations se déroulaient très discrètement, comme si elles étaient honteuses. En 1923, quand le gouvernement reconnaît les associations diocésaines pour sortir d'une situation bloquée et permettre un aménagement pragmatique de la loi de séparation, il le fait en catimini, de peur de choquer les républicains attachés à une conception intransigeante de la laïcité et il se garde de soumettre le projet d'accord au Parlement. Il se contente de l'avis du Conseil d'État et esquive un débat public sur le sujet, jugé trop sensible. Dans les décennies suivantes, on réglera de manière aussi discrète d'autres questions, au coup par coup : avant d'en venir à des règlements par la voie législative avec la loi Debré. Se construit ainsi un édifice fait de pièces et de morceaux : le statut particulier du diocèse aux armées ou des émissions religieuses à la télévision, le régime de Sécurité sociale des ministres des Cultes… Sans le dire, on est passé de l'opposition à la négociation. L'Église catholique ne se présentant plus comme une puissance prétendant détenir la vérité et revendiquant le droit de régir les comportements et les consciences, elle n'est plus perçue comme une menace par ceux qui ne partagent pas ses options.

Catholicisme et pluralité des religions

M. L. – Vous venez d'insister sur les conséquences politiques et sociales de Vatican II, qui sont loin d'être négligeables, on l'a vu. Mais ce concile s'est voulu d'abord pastoral, soucieux de répondre à l'attente des hommes « du monde de ce temps » et aussi théologique, en proposant des définitions riches de l'identité sacramentelle de l'Église, de la révélation, du rôle des évêques et des prêtres… Quel est selon vous son apport religieux majeur ?

R. R. – Comme vous venez de le rappeler, le Concile s'est exprimé sur beaucoup d'aspects de la foi et de la vie de l'Église. Fruit de nombreux travaux et discussions, enrichi de la réflexion de grands théologiens comme les pères de Lubac, Congar ou Chenu, son œuvre constitue un ensemble impressionnant de textes dont la cohérence ne laisse pas d'être surprenante et qu'il serait évidemment présomptueux de résumer en quelques lignes. L'essentiel à mes yeux est peut-être d'avoir substitué à une définition essentiellement juridique de l'institution une vision plus mystique de l'Église.

Je signalerai trois intuitions dont nous percevons aujourd'hui les conséquences directes et positives. La reconnaissance d'abord de la liberté religieuse : nul ne peut être contraint par quiconque dans la quête de Dieu ou l'exercice de son culte. La personne est reconnue dans sa dimension la plus intime, spirituelle. Ceci est en harmonie avec la déclaration conciliaire sur les autres religions où l'Église catholique admet la validité et l'authenticité de la quête spirituelle des autres grandes traditions religieuses de l'humanité. A elle seule, cette déclaration constitue un renversement copernicien, un changement de mentalité radical... Il y a à peine plus d'un siècle, le Syllabus condamnait la modernité et le pluralisme religieux.

M. L. – Une reconnaissance des autres religions que le pape Jean-Paul II a justement mise en valeur lors du rassemblement d'Assise en 1986...

R. R. – Geste éminemment symbolique et qui restera sans doute comme un des plus forts de son pontificat. L'Église se situe désormais avec humilité au côté des autres chercheurs de Dieu, soucieux de paix et de justice. Ce n'est plus seulement le rapprochement entre chrétiens, avec les protestants ou les orthodoxes : on se met aussi à l'écoute du judaïsme dont les traditions talmudiques ou philosophiques suscitent un grand intérêt, on se préoccupe des musulmans, on s'intéresse à la spiritualité du bouddhisme... Les plus jeunes auraient peine à croire qu'il y a seulement quelques décennies, il n'était pas question pour un catholique de fréquenter un protestant, ni permis d'assister au culte dans un temple, serait-ce pour un mariage d'ami. Devant un tel bouleversement, on ne s'étonne pas que certains nostalgiques crient au scandale, que les fidèles de Mgr Lefebvre ou de l'abbé Laguerrie dénoncent une Église qui aurait bradé la spécificité de son dogme pour sacrifier au relativisme des croyances, voire au confusionnisme syncrétiste. Mais cette ouverture paraît acceptée et bien vécue par le plus grand nombre des fidèles.

M. L. – Quelles sont les deux autres intuitions fortes ?

R. R. – La deuxième est sans doute un sens plus juste de la visibilité de l'Église, non pour s'affirmer avec orgueil mais pour célébrer la Bonne Nouvelle du message chrétien. Le Concile, on le sait, a beaucoup insisté sur la place de l'Église comme sacrement, signe de l'amour de Dieu révélé, qui témoigne de sa sollicitude pour l'homme. Il a publié aussi un texte important sur le sens de la liturgie. Or je constate que, depuis quelques années, les catholiques ont retrouvé ou découvert le goût de la célébration collective, sans caractère provocant mais sans complexe non plus. On se rassemble, on chante, on célèbre dans une sorte de fraternité conviviale. Le succès de rassemblements comme les Journées mondiales de la jeunesse ou, à une échelle moindre, le Forum des communautés chrétiennes atteste cette sensibilité nouvelle. Au week-end de la Pentecôte 2000, pour l'année du Jubilé, plus d'un million de catholiques français se sont retrouvés dans le cadre de nombreux rassemblements diocésains. C'est un fait d'importance, même s'il n'a pas fait les gros titres de la presse.

On peut aussi noter une évolution des pratiques cultuelles, qui expriment sans doute de nouvelles formes d'intériorisation de la foi. Si les pratiquants réguliers se rendant chaque dimanche à la messe sont moins nombreux qu'autrefois, il semble que les grandes célébrations de l'année comme Pâques, Noël ou la Toussaint connaissent un regain de ferveur. Par ailleurs, les célébrations des funérailles, des baptêmes, des mariages, sont devenues un temps de recueillement fort et personnalisé, et l'occasion pour l'Église d'une catéchèse sur la résurrection et l'espérance. Il faudrait signaler le succès de revues qui accompagnent la liturgie ou la prière personnelle comme *Prier, Prions en Église* ou *Magnificat*...

Troisième intuition qui se traduit dans les faits : un nouveau sens de la collégialité et du travail synodal. Peu à peu, les catholiques ont appris à délibérer, à discuter sur des points de pastorale ou d'organisation, expérimentant une réelle pratique de la démocratie. Il est paradoxal de constater que presque tous les diocèses ont tenu des synodes, plusieurs en sont même à leur second, alors que les syndicats ou les partis politiques consultent moins la base et que les changements y sont imposés d'en haut. Dans cette pratique qui s'accompagne de prise de responsabilités par les laïcs, la multiplication des instances ou des conseils dans les paroisses ou les diocèses, il faut voir une conséquence concrète de Vatican II.

Autorité, intransigeance ou rupture ?

M. L. – Est-ce que pourtant l'Église a renoncé à exercer un modèle d'autorité ? S'est-elle vraiment convertie à un exercice plus humble du pouvoir ? Pour un historien comme Émile Poulat, le catholicisme reste attaché à une forme d'intransigeantisme et il n'y pas de réelle contradiction entre les papes du XIXe siècle qui proclamaient haut et fort les droits de Dieu, en rejetant la démocratie, et un Jean-Paul II qui insiste sur les droits de l'homme, toujours référé au Créateur...

R. R. – Je ne le suivrai pas jusqu'au bout dans cette analyse qui, insistant trop à mon sens sur l'intransigeantisme, majore la continuité aux dépens des ruptures véritables que nous avons connues. Je crois le changement profond. Dans les années 20, l'Église catholique se concevait encore d'une manière archaïque, avec un cadre conceptuel qui n'avait guère changé depuis Innocent III ou Boniface VIII. On invoquait encore la théorie des deux glaives ou le symbole de la triple tiare pour justifier le pouvoir temporel du pape. Pour refuser la sécularisation, les catholiques, les clercs en particulier, se référaient à une ecclésiologie juridique intransigeante. L'Église se considérait comme une société parfaite, la vraie Cité de Dieu avec à sa tête le pape, vicaire du Christ... Quelle différence avec aujourd'hui où les mots et les notions de pluralisme, sécularisation et laïcité sont acceptés ! Nos sociétés occidentales vivent dans un cadre de laïcité et de pluralisme qui permet à la liberté religieuse de s'épanouir.

M. L. – Dans une réaction au *Christianisme en accusation*, Gilles Martinet, longtemps militant à la gauche du Parti socialiste, s'inquiétait de la disparition selon lui des « catholiques d'ouverture », qui s'étaient engagés dans les luttes contre la colonisation ou dans les mouvements progressistes au cours des années 60 et 70. Et s'alarmait de l'émergence de jeunes croyants plus identitaires, plus spirituels et du coup moins soucieux de changer le monde ou la société... Partagez-vous cette appréciation pessimiste, vous qui êtes aussi attaché à une réflexion qui pousse à l'engagement ?

R. R. – Je lui répondrai volontiers que ce courant du « catholicisme d'ouverture » n'est pas mort et qu'à mon avis, à la suite de Vatican II, il est même devenu majoritaire dans les consciences. Comme le montre, par exemple, le rapport Dagens, c'est toute l'Église qui est appelée à vivre cette ouverture : en France elle a renoncé à exercer une tutelle sur la société par la contrainte.

Reste, il est vrai, la tentation du repli, du retour à l'indifférence à l'égard du monde qu'on a connu à de nombreuses périodes de l'histoire, des Esséniens de la mer Morte aux solitaires de Port-Royal. Cet appel à se concentrer sur l'unique nécessaire et sur son seul salut en se retirant des réalités mondaines est légitime pour certaines vocations individuelles ou familles religieuses. Cette invitation à retourner au désert serait inquiétante si elle gagnait l'Église tout entière. Elle irait à l'encontre de Vatican II, dont une des grandes intuitions a été de remettre le christianisme dans l'histoire et dans le « monde de ce temps ». Tout le monde n'a pas la vocation d'un Rancé ou d'un Charles de Foucauld...

L'engagement dans l'histoire et le monde appelle évidemment un discernement pour que les chrétiens ne se fourvoient pas dans des compromissions ou dérives hasardeuses. Je pense à la collusion avec l'Action française et à la tentation du nationalisme intégral, si bien analysée par l'historien Jacques Prévotat : une partie du clergé et des évêques s'était alors laissé séduire par les thèses de Maurras avant que le pape Pie XI donne un coup d'arrêt. Je n'oublie pas non plus la fascination exercée par le communisme et le progressisme, dans les années 50, sur le mouvement ouvrier catholique, ni la séduction des idéologies gauchistes dans la foulée de mai 1968, que Denis Pelletier vient de mettre en lumière dans un livre passionnant sur *La crise catholique* qui a suivi le Concile.

M. L. – Revenons encore aux problèmes nouveaux posés par la laïcité. Depuis des années, pour répondre au déficit de culture religieuse chez les jeunes, on propose d'introduire de nouveaux enseignements de ce type à l'école, ce qui pose bien évidemment le problème du respect des convictions de chacun et de la neutralité des enseignants. Le rapport commandé par Jack Lang à Régis Debray sur ce thème a-t-il fait avancer la réflexion ? Ou devra-t-on encore se contenter de vœux... pieux ?

R. R. – Rappelons d'abord que le souhait d'introduire la culture religieuse dans les programmes scolaires n'est pas venu des responsables confessionnels, mais des syndicats d'enseignants ou de politiques confrontés à des situations inédites, comme celle révélée par la fameuse affaire du foulard islamique. L'intérêt du rapport de Régis Debray est de traduire un déplacement dans la perception de la religion par la société. Celle-ci n'est plus considérée comme un phénomène purement individuel. Autrefois, pour les tenants de la laïcité, la religion était tenue pour une affaire strictement privée : l'État n'avait donc pas à en connaître. Elle ne devait pas déborder dans l'espace public : d'où une jurisprudence administrative tatillonne sur les sonneries de cloches ou les processions... Tout cela nous paraît d'un autre âge. On admet que le fait religieux ait une dimension sociale. La présence de l'islam en France a contribué à l'évolution de cette perception. Les pouvoirs publics se proposant d'instaurer pour les musulmans un régime des cultes identique à celui qui régissait le rapport avec les autres confessions, ils ne peuvent plus ignorer le christianisme et ceux qui le représentent.

A l'approche du centenaire de la loi de séparation des Églises et de l'État, l'idée, qui apparaissait comme très risquée, d'entreprendre une réflexion sur les relations entre État et religion, à plus forte raison une révision de la loi, apparaît moins improbable. Le contexte appelle aussi une approche globale : les Juifs se plaignent d'être en butte à une résurgence de l'antisémitisme, l'Islam fait aussi l'objet de violences, il n'est plus possible de raisonner tout à fait comme autrefois. Pour notre part, si nous voulions reparler des attaques ou de l'animosité sourde dont le christianisme est l'objet, nous serions amené à nuancer notre propos : nous ne sommes plus au temps du petit père Combes ou du Cartel des gauches.

L'islam en France

M. L. – Alors justement, cette laïcité, on sent bien qu'il faut la réaménager en profondeur. Revenons à la question du statut de l'islam. Depuis quelques années, on a l'impression que toute une partie des observateurs sont sur la réserve quant à la constitution d'un organe de représentation de la communauté musulmane, avec la montée du courant des Frères musulmans, des fondamentalistes… Les événements du 11 septembre 2001 n'ont pas contribué à détendre cette méfiance…

R. R. – Pour ma part, j'approuve dans son principe l'initiative des pouvoirs publics qui se cherchent des interlocuteurs et tentent de structurer une représentation musulmane. Les gouvernements de la Ve République font exactement ce que Napoléon a initié avec le judaïsme en 1807 avec le grand Sanhédrin. L'islam n'étant pas organisé, l'État se voit obligé d'être l'accoucheur de ses structures. Il faut permettre à cette religion présente sur notre sol depuis quelques décennies de disposer de facilités analogues à celles dont jouissent les « vieilles religions » installées depuis longtemps. Il n'est ni respectueux des croyances, ni convenable que les musulmans ne puissent célébrer leur culte que dans des caves ou des locaux précaires. Mais la question n'est pas simple, du fait de l'interdiction faite par la loi aux collectivités publiques de financer les cultes. Il ne serait pas convenable que l'État réserve sa faveur à l'islam seul. C'est un point sur lequel il faudra certainement adapter la législation aux nouvelles nécessités.

M. L. – Certaines évolutions de l'islam ne risquent-elles pas, cependant de rendre plus complexe cette évolution ? Des pratiques intégristes, une difficulté à se couler dans le modèle républicain ?

R. R. – Les pouvoirs publics faisaient le pari que la reconnaissance de l'islam faciliterait son intégration et le conduirait à accepter la modernité et la laïcité. Or les premières élections donnent la parole à un islam fondamentaliste dont les représentants risquent de prendre le contrôle de la plupart des lieux de cultes. Un peu comme si les fidèles de Mgr Lefebvre devenaient les interlocuteurs de la puissance publique au nom du catholicisme. Je suis préoccupé quand je vois que quelques-uns de ceux qui ont le plus milité pour accueillir les musulmans et établir avec l'islam des rapports de confiance, tel le Père Christian Delorme, s'inquiètent de cette évolution. Or ce sont de bons observateurs, qui ne sont pas suspects de préventions.

M. L. – Comment permettre alors une évolution plus positive ?

R. R. – La contrepartie de la reconnaissance devait être la rupture des liens des musulmans de France avec des États étrangers. Comment ne pas déplorer que depuis trente ans, l'État républicain n'ait pas pris ses responsabilités et qu'il ait toléré pour l'islam ce qu'il n'a jamais admis pour l'Église catholique ? Dieu sait qu'il s'est toujours défié des congrégations, des ordres religieux et toujours interposé entre le Saint-Siège et l'Église de France ! Or, il a admis sans broncher que les communautés musulmanes en France soient dans la mouvance d'États étrangers, Arabie Saoudite, Libye, Algérie, Maroc… Ces États financent et envoient des imams non francophones. Il faut mettre fin à ces relations. Il n'est pas acceptable que les structures de représentation de l'islam deviennent l'enjeu d'une compétition entre gouvernements étrangers, comme on le voit actuellement entre l'Algérie et le Maroc. Laisser des millions de citoyens français dans la dépendance d'États étrangers – et de quels États, si c'est l'Arabie Saoudite, l'État le plus archaïque qui soit, dont la pratique est la plus opposée aux traditions politiques de la France – fait le jeu du Front national.

La place du judaïsme

M. L. – Par ailleurs, comment percevez-vous la place spécifique de la communauté juive dans notre pays, victime effectivement depuis ces derniers temps d'actes antisémites ? Celle-ci se dit menacée par une nouvelle forme d'antisémitisme, différent de celui issu de l'extrême droite traditionnelle…

R. R. – La situation me paraît préoccupante. Il y a une recrudescence d'actes ou de propos antisémites, peut-être moins graves et moins extrêmes que ne le suggèrent les dénombrements minutieux auxquels procède l'Observatoire, qui recense tout, y compris les propos dans la rue ou les graffitis. Par simple souci d'honnêteté et de rigueur intellectuelle, il ne faut pas mettre sur le même plan les inscriptions injurieuses et le cocktail Molotov lancé sur une école ou une synagogue. Une part de ces faits relève de la délinquance ordinaire, de l'incivilité, à l'instar des voitures qu'on brûle dans les banlieues : cette sorte d'agissements est l'indice d'une crise de société sans qu'elle ait nécessairement une intentionnalité antisémite prononcée.

M. L. – Admettons cependant que de tels actes ne peuvent résonner que d'une manière très particulière pour la communauté juive et rappellent de bien mauvais souvenirs ! Et puis, ce ne sont pas les musulmans ou les catholiques qui ont été les victimes directes de la Shoah…

R. R. – Certes, et il faut lier ce qui se passe avec la situation au Proche-Orient. J'ai apprécié l'analyse de Théo Klein, l'ancien président du CRIF, qui dit en substance : « Il n'y a pas lieu de s'étonner que les jeunes Maghrébins en France se sentent solidaires des Palestiniens, puisque nous-mêmes juifs, nous nous sentons solidaires des Israéliens. » Il lui fallait beaucoup de hauteur de vues et de courage pour tenir pareil langage qui n'a pas été bien reçu par la communauté juive. Celle-ci n'échappe pas à une contradiction interne : elle se scandalise qu'il soit permis de défiler dans les rues de Paris avec des drapeaux palestiniens, mais ne trouve pas anormal de défiler avec des drapeaux israéliens. Pourquoi établir une telle distinction ?

M. L. – Admettez cependant que la sensibilité de la communauté juive soit très vive sur le propos… On ne joue pas impunément avec la menace antisémite, même pour une aussi noble cause que celle de la défense du peuple palestinien…

R. R. – Bien sûr, mais certaines démarches des membres de la communauté juive me paraissent discutables. Lorsque, par exemple, le grand rabbin de France demande audience au président de la République pour lui dire que les Juifs désapprouvent la politique extérieure de la France en Israël. Que dirait-on si l'épiscopat français avait mené une démarche comparable à propos du Liban ou d'un autre sujet délicat ? Des voix s'élèveraient pour dénoncer l'ingérence dans la politique de notre pays ! La communauté juive doit comprendre qu'il n'est pas possible d'être l'allié inconditionnel d'un État étranger, en dépit de la sympathie que l'on est en droit de porter à Israël : elle ne peut pas conduire à une approbation sans réserve de la politique d'un autre État. Ce serait la même erreur que celle du Parti communiste quand il se déclarait solidaire de la politique de l'Union soviétique, ou des catholiques du XIXe siècle solidaires des États de l'Église, qui voulaient que le gouvernement français restaure le pouvoir temporel du pape. Cette attitude est fondamentalement contraire à l'idée de laïcité.

M. L. – Vous parlez de laïcité, et il est de bon ton aujourd'hui d'appeler de ses vœux une laïcité ouverte, où les religions sont associées à la vie collective comme elles le sont par exemple au Comité national d'éthique aux côtés de personnalités scientifiques ou d'autres familles philosophiques. Mais qu'est-ce que des religions peuvent apporter à un espace laïc ? Quel rôle ont-elles vraiment à jouer ? En particulier, comment peuvent-elles nourrir et conforter cet esprit public, dont nous avons parlé dans le chapitre précédent ?

R. R. – Je crois d'abord qu'elles peuvent concourir à l'éducation civique de leurs propres fidèles : ce n'est pas incompatible avec leur mission propre d'annoncer la parole de Dieu. Il leur appartient d'éveiller leur conscience à l'importance des problèmes politiques, d'éduquer leur comportement en société, comme citoyens responsables. Les Églises jouent déjà assez largement ce rôle : combien d'hommes et de femmes se sont engagés dans le monde associatif ou politique, dans le prolongement de leur foi, même si par la suite ils ont pu prendre quelque distance par rapport à celle-ci ! Les religions peuvent contribuer au civisme d'une manière différente des autres forces sociales ou des groupes de pression : sauf exception, elles n'ont pas d'intérêts propres à défendre. C'est la différence – elle n'est pas mineure – avec la plupart des autres composantes du débat social : syndicats, partis, groupes professionnels qui interviennent pour défendre leur existence, ou avoir part à la répartition des avantages. En s'exprimant sur les problèmes de société, elles peuvent prononcer une parole originale en référence à une idée de l'homme et à la vision de la société qu'elles tirent de la tradition évangélique. C'est leur devoir de défendre des valeurs, de rappeler des principes.

La morale et les valeurs

M. L. – N'est-ce pas cependant prétendre exercer, même de manière subreptice, une sorte de magistère moral ?

R. R. – Non, car ces valeurs sont passées dans le domaine public, même si on ne le reconnaît pas toujours, que ce soient les droits de l'homme, les idéaux de la démocratie : le christianisme a contribué à les introduire et à les inculquer. Pour cette raison, on pourrait estimer qu'on n'a plus besoin des Églises pour défendre ces valeurs. Mais ces acquis sont précaires. Aux Églises de les enseigner, de les revivifier, et aussi de mettre en garde contre les initiatives qui les remettraient en question.

M. L. – Même dans le domaine de la morale privée, des comportements intimes ?

R. R. – Les religions sont dans leur rôle lorsqu'elles s'expriment sur une législation qui concerne le couple, la sexualité, le commencement ou la fin de la vie. Dans le cadre d'une société pluraliste et laïque, elles doivent s'interdire toute pression, toute ingérence directe, mais elles ont le droit – et c'est même leur devoir – de parler haut et clair, de rappeler leur conception : le silence serait démission. Il convient certes de le faire avec intelligence, en tenant compte des aspirations et des réalités, de faire preuve de compréhension à l'égard des difficultés et de ne pas tenir un discours qui soit récusé d'avance, parce que intempestif. Mais elles ont le droit et le devoir de participer au débat public. Leur responsabilité est reconnue : elles sont représentées au Comité d'éthique.

M. L. – Mais dans quels autres domaines les traditions religieuses peuvent-elles intervenir ? Et peuvent-elles parler de tout, sans compétence particulière ? Ne risque-t-on pas de verser dans le fondamentalisme, le fantasme d'une croyance religieuse qui aurait la réponse à toutes les questions de l'homme ?

R. R. – La démarche doit être pragmatique. La société est confrontée à des problèmes radicalement nouveaux. On ne peut s'en tenir aux positions traditionnelles. C'est manifeste pour tout ce qui touche à la vie, la bioéthique, où les données scientifiques bouleversent la donne. Mais il y a bien d'autres problèmes de société : le dépassement du cadre national, l'organisation de l'Europe, le droit d'ingérence, la justice internationale, l'écologie, nos responsabilités à l'égard des autres êtres vivants, des animaux par exemple ! Ainsi, il y a tout à la fois à assurer la pérennité des principes, à éduquer les consciences et à inventer des réponses à des problèmes nouveaux. Contribuer à l'éducation des consciences individuelles et de la conscience collective, à l'apprentissage des libertés, non plus par voie d'autorité, ni par pression sur le pouvoir, mais par l'éducation, la persuasion et le raisonnement.

Le christianisme et la mémoire

M. L. – Permettez-moi de clore ces entretiens par une question plus personnelle, sans revenir sur tout ce que vous avez pu écrire, par ailleurs, sur le christianisme. Finalement, je vous sens plus proche d'un christianisme de la raison que de la mystique, je vous sais très marqué par la spiritualité inspirée par saint Ignace de Loyola et les jésuites. Où situez-vous la « fine pointe du christianisme », pour paraphraser une formule de François de Sales ?

R. R. – Ma réponse ne vous étonnera guère. Comme historien, je suis porté à accorder plus d'attention au rôle historique du christianisme. Ce qui n'exclut pas sa dimension spirituelle et intérieure. Je suis attaché à une forme de christianisme raisonnable, sans doute parce que je me situe comme intellectuel, par réaction contre certaines formes de piétisme ou de dévotions foraines qui ne sont pas une religion. C'est un point sur lequel je me sens proche de Marcel Gauchet : le christianisme n'est pas une religion comme les autres. Il doit se garder de tomber dans certains excès outranciers comme le fanatisme ou une crédulité naïve.

M. L. – A la dévotion autour de Fatima ou de Padre Pio, vous préférez la réflexion d'un Thomas d'Aquin ou d'un Maritain…

R. R. – Je n'exclus pas la possibilité d'une intervention de Dieu dans l'existence, individuelle ou collective, ni le surnaturel ou les miracles. Cela dit, j'ai trop d'estime pour le christianisme et pour ce qu'il a représenté en vingt siècles de réflexion, d'apport à la culture, pour ne pas être très attaché à une approche intelligente et raisonnable de la foi. Celle-ci ne peut se réduire à un amas de superstitions ou de croyances. En la circonstance, devant le succès des croyances irrationnelles, je suis porté à dire qu'aujourd'hui la défense de la raison et le christianisme participent au même combat. Dans cette perspective, je suis très reconnaissant à Jean-Paul II d'avoir insisté sur cette double dimension dans son encyclique *Fides et ratio*. On ne l'a pas assez dit, et à la suite de Luc Ferry, il faut souligner la complémentarité des deux approches. Cette intuition rejoint une grande tradition théologique, pour laquelle il ne saurait y avoir de contradiction, d'incompatibilité entre ces deux registres différents. Ce que la foi énonce n'est pas contraire à la raison, et la raison peut contribuer à formuler cet énoncé de façon rationnelle. En tout cas, il faut dépasser l'attitude qui, contre le scientisme, prenait argument des échecs de la raison pour affirmer la victoire de la foi. Je me situe en rupture avec cette apologie de la fin du XIXe siècle, où une partie des croyants pensaient qu'il fallait démontrer que la science avait échoué pour affirmer la supériorité de la foi. Si Dieu a doté l'homme de l'intelligence, c'est bien pour qu'il l'exerce.

Je voudrais achever à mon tour ce dialogue en établissant un lien presque naturel entre notre sujet, la mémoire française, et le christianisme dont nous venons de parler. Est-ce un hasard si le judéo-christianisme insiste tant sur la dimension de la mémoire ? L'Ancien Testament, les Psaumes, invitent les croyants à se souvenir de la beauté de la création et de la miséricorde de Dieu. L'expérience de Jésus témoigne aussi de cette dimension. L'Église célèbre sa mort et sa résurrection par ces quelques mots : « Faites ceci en mémoire de moi », des paroles répétées à chaque messe. Comme si elle disait au fond que la mémoire aide l'homme à construire sa propre identité.

Table

*Cet ouvrage a été transcodé
et achevé d'imprimer
sur Roto-Page
par l'Imprimerie Floch à Mayenne,
en octobre 2002.*

N° d'impression : 55397.
Dépôt légal : octobre 2002.
Imprimé en France.